H. Schmidhauser: Lebe besser mit Autosuggestion

Hermann Schmidhauser

L e b e b e s s e r

mit Autosuggestion

Formelhafte Vorsätze
für Gesundheit, Erziehung, Erfolg und Lebensglück

Dritte Auflage

Schwabe & Co. AG · Verlag · Basel 1989

In der gleichen Buchreihe ist von Hermann Schmidhauser erschienen:

Der Geist baut den Körper

Gesunde und optimale Lebensentfaltung
durch die Suggestivkraft total positiver Einstellung

ISBN 3-7965-0834-0

© 1980 by Schwabe & Co. AG · Basel
Dritte Auflage 1989
ISBN 3-7965-0890-1

Inhalt

Einleitung:
Dieses Buch wird Ihnen helfen, sich selbst zu helfen

Warum ein Buch wie dieses helfen kann, Wunderbares zu bewirken

Dieses Buch kaufen die meisten Menschen, weil sie sich von ihm Hilfe versprechen. Sie hoffen, dass es ihnen Wege zeigt, auf denen sie Probleme lösen, Leiden zum Verschwinden bringen, Leistungssteigerung erzielen, Erfolg und Lebensfreude erreichen können. Kann dieses Buch diese Hoffnungen erfüllen? Kann es wirklich helfen, kann es gar Wunderbares bewirken?

Gewiss! Dieses Buch bringt den Leser ganz von selbst in die positive Stimmung, in der Erklärungen fruchtbar werden. Das Buch bietet gegenüber Gesprächen oder Vorträgen ausserdem den Vorteil, dass man es so langsam und so oft, als man wünscht, lesen kann. Der Leser kann bei bestimmten Stellen verweilen, sie wieder und wieder lesen. Gerade das aber vertieft die Wirkung, die ein Buch wie dieses hat. Und wer dieses Buch «dynamisch» liest, nämlich so, wie es der folgende Abschnitt empfiehlt, erlebt seine wunderbare Wirkung besonders tief.

Wie Sie dieses Buch lesen sollen

Wir werden in der heutigen schnelllebigen Zeit mit Lesestoff überhäuft. Ganz unvermerkt sind wir darum alle dazu gekommen, im Schnellzugstempo zu lesen. Nicht mehr Wort für Wort, wie man wertvolle Bücher lesen sollte. Im Gegenteil neigen wir dazu, auch wertvolle Schriften neugierig zu überfliegen. Warum aber sollen Sie nun gerade dieses Buch aufmerksam lesen?

Weil es für Sie Lebenswichtiges enthält, weil es Ihnen Auskunft gibt über das, was sich seit Menschengedenken nie geändert hat und sich trotz fortschreitender Technik nie ändern wird. Ich meine die Suggestion, die jeder Mensch bewusst oder unbewusst sein Leben lang anwendet.

Sie lesen mit einem Höchstmass an Konzentration, wenn Sie sich beim Lesen dieses Buches ganz locker hinsetzen, die Arme seitlich hinunterfallen und schwingen lassen. Sie halten das Buch also nicht in Ihren Händen. Es liegt auf dem Tisch oder auf Ihren Knien. Sie beugen sich auch nicht über das Buch. Ganz im Gegenteil: Sie lesen in lockerer, ganz ungezwungener Haltung und in angemessenem Abstand vom Buch. Das nennt man «dynamisch» lesen. Der Ausdruck stammt aus den USA. Dort wurde bereits in den Schulen diese Art von Lesen eingeführt. Wenn Sie dieses Buch «dynamisch» lesen, lesen Sie ganz bestimmt anders, als Sie es sich in der Schule oder zu Hause als Kind angewöhnen mussten. Auf diese Weise aber nehmen Sie das, was Sie lesen und behalten wollen, gut in Ihr Gehirn auf. Es gräbt sich in Ihr Gehirn ein, bleibt darin fest eingeprägt, «felsenfest» eingegraben; es bleibt haften und wirkt zu Ihrem Vorteil. Auch diejenigen, die über das Wesen, die Wirkungsweise und die Macht der Suggestion schon oft gehört oder gelesen haben, versetzt der Entschluss, dieses Buch in aller Ruhe, «dynamisch», zu lesen, sofort in eine wohltuende positive Stimmung. Es ist eine Wohltat, Altbekanntes, aber oft Vergessenes bewusst wiederzuerleben.

Fachwissen ist nicht erforderlich

Um dieses Buch zu lesen und zu verstehen, brauchen Sie kein besonderes Vor- oder Fachwissen. Es ist bewusst einfach und leichtverständlich geschrieben. Auch um Suggestionen erfolgreich anwenden zu können, braucht es kein Fachwissen. Sie wenden Suggestionen ja bereits täglich an, selten bewusst, viel öfter unbewusst. Alle Menschen suggerieren, also auch Sie! Die Fähigkeit, Suggestion anzuwenden, haben alle Menschen; es ist eine Fähigkeit, die nicht erworben werden muss. Sie ist uns angeboren.

Dieses Buch nun will in Ihnen diese Fähigkeit wachrufen, und es will Sie zur Selbstbeobachtung anregen, damit Sie prüfen, ob Sie diese in Ihnen wirksame Fähigkeit richtig, d. h. zum eigenen Nutzen und Erfolg, anwenden. Das Buch zeigt Ihnen im weiteren, wie Sie positive Suggestionen auch ganz bewusst zu Ihrem Wohl und Erfolg einsetzen können.

Der Schlüssel zur bewussten, erfolgreichen Anwendung der Suggestion ist die genaue Kenntnis der Sache

Fachwissen und genaue Kenntnis von einem Gegenstand sind nicht dasselbe. Die genaue Kenntnis einer Sache gibt Sicherheit und Vertrauen in die Sache. Sie bietet zudem den besten Schutz gegen die sehr vielen unklaren Vorstellungen, die über den in diesem Buch behandelten Gegenstand auch heute noch im Umlauf sind. Genaue Kenntnis der Sache lässt Sie mit sicherer Kritik auch jene Schriften richtig beurteilen, die Ihnen Ansichten suggerieren, die kaum empfehlenswert sind. Viele Menschen werden heutzutage durch Berichte über das Übersinnliche, die Vorherbestimmung und den Schicksalsglauben angezogen, Ereignisse, die sich bei näherer Prüfung grösstenteils als Suggestionen erkennen lassen. Kenntnis der Sache und gesunde Kritik sind Hauptbedingungen nicht nur, um übersinnlichen Ereignissen und Wunderdingen ohne Schaden nachgehen, sondern auch um Suggestionen ganz bewusst zum eigenen Vorteil nutzen zu können.

Schon Tausende lasen dieses Buch

Radio und Presse berichteten darüber. Fast täglich sagen oder schreiben mir Menschen an meine Praxisadresse in Spreitenbach in der Schweiz, mit welcher Vorsatzbildung sie welche Erfolge erleben durften. Dabei ist auch eine Frau, die mit allen nur erdenklichen Mitteln und Methoden schon versucht hatte, von ihren 95 Kilos Körpergewicht herunterzukommen, die ihr bei der Arbeit so oft und grosse Beschwerden machten. Sie schaffte es mit der in diesem Buch erwähnten und in meinem neuen Buch mit dem Titel «Der Geist baut den Körper» (im gleichen Verlag erschienen) ausführlich erklärten Vorsatzbildung. Sie nahm 20 Kilos ab, zu ihrer grossen Freude und zum Erstaunen der ganzen Familie; wohlverstanden: ohne zu hungern und ohne eine bestimmte Diät. Allein mit dem *konsequenten* Durchhalten der Vorsatzbildung!

Dabei ist auch ein Mann, der sich, nicht etwa zwanghaft, sondern in bewusster Einsicht, dass solches möglich ist, mit der in diesem Buch genannten Vorsatzbildung schmerzfrei machte und dann seinen Zahnarzt bat, einen Zahn herauszuoperieren. Und ich selbst habe, vor den Augen der Öffentlichkeit, gezeigt, dass man mit Autosuggestion über glühende Kohlen gehen kann, ohne sich dabei an den Füssen zu verletzen.

Niemand wollte seinen Erfolg lange analysieren; alle wollen weitere Erfolge erleben, und sie wenden darum die Autosuggestion mit Begeisterung weiterhin an.

Erster Teil:
Was ist und wie betreibt man Autosuggestion?

1. Suggestion und Autosuggestion

Wir leben vom ersten Augenblick unseres Lebens an mit Suggestionen

Am Verhalten eines Kleinkindes kann ich anschaulich darstellen, wie wir mit Suggestionen leben. Auch ein kerngesundes Kind schreit in seinem Bettchen. Die Mutter (es könnte auch der Vater oder eine Pflegeperson sein) nimmt es in die Arme, trägt es einige Schritte. Das Kind hört auf zu schreien, wird still. Die Mutter bringt es zurück in sein Bettchen. Kaum will sich die Mutter entfernen, fängt das Kind wieder zu schreien an. Die Mutter nimmt das Kleine wieder in ihre Arme, und schnell ist das Kind wieder still. Und wieder legt die Mutter es ins Bettchen und geht ganz leise fort. Doch kaum hat sie sich einige Schritte entfernt, beginnt das Kleine erneut herzzerreissend zu schreien, bis die Mutter es erneut in die Arme nimmt.

Bei diesem Beispiel also gibt das Kind der Mutter in der Sprache, in der es sich äussern kann, im Schreien, die Eingebung, die Suggestion also, die sich etwa in folgende Worte unserer Sprache fassen liesse: «Nimm mich in die Arme, Mutter, dann fühle ich mich wohl, und ich schreie so lange und so fest, bis du mich in den Armen hast!» Die Mutter nimmt diese Eingebung, diese Suggestion an und macht sie zu einer Autosuggestion, zu einer Selbstbeeinflussung also, die man etwa mit folgenden Worten umschreiben könnte: «Wenn ich das Kind in meine Arme nehme, schreit es nicht. Ich will nicht, dass mein Kind schreit. Ich ertrage es nicht. Also nehme ich es in meine Arme.» Diese Mutter könnte – und wenn sie vom Gegenstand der Suggestion Kenntnis hat, wird sie es auch –, nachdem sie sich vergewissert hat, dass dem Kinde nichts mangelt – nicht auf das Geschrei des Kindes reagieren, d.h. sie wird die Suggestion des Kindes nicht annehmen, sondern etwa mit folgenden Gedanken abweisen: «Dem Kind fehlt nichts, ich habe mich überzeugt. Darum ist mir sein Schreien gleichgültig. Es hört dann schon auf mit der Zeit.» Und wenn die Mutter das Kind schreien liesse, würde es, weil ihm nichts mangelt, aufhören zu schreien. Durch ihr Verhalten gäbe die Mutter dem Kind die Suggestion, die es in seiner Sprache richtig in folgende, in unsere Worte gefasste Autosuggestion umsetzte: «Schreien hat keinen Zweck. Es bringt die Mutter nicht zurück. Dann schlafe ich eben!» Und das Kind würde aufhören zu schreien und einschlafen. Mehr noch: Das Kind gewöhnte sich daran, wenn ihm nichts mangelt, still im Bett zu liegen und zu schlafen.

Dieses altbekannte Beispiel zeigt Ihnen nicht nur, wie wir mit Suggestion leben, sondern es macht Sie auch auf die Tatsache aufmerksam, dass
  jede Suggestion nur über eine Autosuggestion angenommen wird.
Eine Eingebung (Suggestion) ist nur dann in uns wirksam, wenn sie zu einer Selbsteingebung (Autosuggestion) gemacht worden ist. Jede erfolgreiche Beeinflussung ist im Grunde *Selbstbeeinflussung!*

Wie wir uns durch Autosuggestion heilen. Ein Tatsachenbericht

Ein Mädchen litt lange Zeit an epileptischen Anfällen. Epilepsie wird im Volksmund auch Fallsucht genannt. Sie ist eine Krankheit, die durch Krampfanfälle oder anfallsweise auftretende Zustände gekennzeichnet ist, bei denen es zum vorübergehenden Verlust des Bewusstseins oder der Erinnerung kommt. Die Anfälle, die das Mädchen regelmässig bekam, waren heftig. Der behandelnde Arzt wollte das Kind der Invalidenversicherung anmelden. Die Eltern des Mädchens konnten sich mit dieser Tatsache nicht abfinden. Sie suchten einen Heilpraktiker auf. Dieser war auch ein sensitiver Mensch, ein Mann mit einem ausgebildeten sechsten Sinn und suggestiven Fähigkeiten. Er schaute das Mädchen nur kurz an, sagte dann überzeugend, dass es sich bei diesem Fall um keine Epilepsie handle und das Kind kerngesund werden könne. Er empfahl eine Wurmkur und gab Ernährungsanleitungen. Das Mädchen hörte aufmerksam zu.
  Von diesem Tage an hatte das Kind keinen Anfall mehr. Als das heute zehnjährige Mädchen einmal auf seine früheren Anfälle angesprochen wurde, gab es zur Antwort: «Ich könnte schon machen, dass sie wieder kämen. Ich will aber nicht, dass die Anfälle wieder kommen, und ich weiss auch, was ich machen muss, dass sie nicht mehr kommen!» – Das Mädchen, das dem Heilpraktiker zugehört hatte, vertraute den Worten des Mannes mit dem ausgebildeten sechsten Sinn; es machte seine Worte spontan zu einer Autosuggestion, und mit Autosuggestion hält sich das Kind anfallsfrei.

12

Suggestionen wenden wir immer an; aber nicht immer zum eigenen Vorteil

Alle Menschen reden ab und zu, manche sehr oft unter Tags, vor allem wenn sie allein sind und besonders wenn sie Angst haben oder Dingen gegenüberstehen, in denen sie Schwierigkeiten zu finden meinen, in Gedanken oder gar laut mit sich selbst. Solche Selbstgespräche wirken suggestiv. Sie sind in der Regel aber nicht positiv, sondern negativ. Probleme, Sorgen, Ängste werden durch solche negativen Selbstgespräche, durch Gedanken wie «Das ist ja schlimm; das kann ich nicht; es tut furchtbar weh; ich kann es mir nicht vorstellen; ich begreife das nicht» autosuggestiv verstärkt, grösser und grösser gemacht.

Frau M. wohnt in einem herrlichen Einfamilienhaus. Einmal schaute sie durch das grosse Wohnzimmerfenster ihrem Mann zu, wie er den Rasen mähte. Sie machte sich dabei ihre Gedanken. Wie ungeschickt ihr Mann doch mit dem Rasenmäher umging! «Was habe ich bloss für einen Mann? Wo habe ich meinen Kopf gehabt, als ich diesen tolpatschigen Mann zum Ehemann nahm?» Das war der Gedanke, der ihr immer wieder durch den Kopf ging. Dabei wurde sie traurig und verdüstert.

Ein 48jähriger technischer Angestellter machte sich in seiner Freizeit nicht nur Gedanken über seine Mitarbeiter und Bürokollegen, sondern er verfluchte diese händefuchtelnd in seiner Bastlerwerkstatt, wenn er allein war. Dort waren seine Arbeitskollegen Dreckskerle, faule Hunde und anderes mehr. Für einen Augenblick schaffte sich dieser Angestellte mit seinen Ausrufen Luft. In Tat und Wahrheit aber grub er sich autosuggestiv immer tiefer und tiefer in seine Problemwelt. Schliesslich erlitt er einen Nervenzusammenbruch. Für diesen machte er seine Arbeitskollegen verantwortlich.

Jede Beeinflussung ist im Grunde Selbstbeeinflussung. Darum macht sich jeder seine Probleme selbst. Natürlich gibt es Probleme. Das Leben an sich ist ein Problem. Wir können an Problemen wachsen oder zugrunde gehen; der Entscheid liegt bei uns selbst! Durch negative Autosuggestion kann kein Problem gelöst werden. Wer sich über einen hohen Mietzins ärgert, suggeriert negativ. Wird dadurch der Mietzins niedriger? – Wer negativ denkt, suggeriert negativ! Das soll man sich abgewöhnen.

Entschlossenheit genügt

Sie *können positiv denken. Darum können Sie* positive Suggestionen jederzeit, bereits jetzt, anwenden. Sie können einen Fernsehapparat schliesslich auch ein- und ausschalten; von Fernsehtechnik brauchen Sie dazu überhaupt nichts zu verstehen. Genauso können Sie jederzeit positiv suggerieren; von Psychologie oder Medizin brauchen Sie dazu nicht unbedingt viel zu verstehen. Entschlossenheit genügt!

Verfolgen Sie negative Gedanken nicht; geben Sie diesen keine Nahrung. Trennen Sie sich von solchen Gedanken. Gewöhnen Sie sich an, positiv zu denken. Dann suggerieren Sie auch positiv. Im zweiten Teil dieses Buches finden Sie erprobte positive «Sprüche», sogenannte formelhafte Vorsatzbildungen, für jede Situation.

Ein Gedanke wirkt suggestiv, wenn wir ihn fühlen

Unzählige Gedanken gehen uns täglich, stündlich, jederzeit durch den Kopf; positive und negative. Nicht von allen werden wir gleich erfasst. Zum Glück, muss man sagen, wenn es sich um ausgesprochen negative Gedanken handelt. Hat uns ein Gedanke wirklich erfasst, dann *fühlen* wir ihn.

Die Gefühle der Liebe, Freude, des Wohlbefindens sind positive Gedankenverwirklichungen, Angst, Unbehagen, Unlust sind negative Gedankenverwirklichungen. Die Art und das Ausmass des Gefühls sagt uns, wie wir denken. Wer durch und durch positiv denkt, fühlt auch positiv.

Allerdings darf man nicht erwarten, dass jeder positive Gedanke sofort das entsprechende positive Grundgefühl zu erzeugen vermag. Oft wirken positive Gedanken erst nach und nach autosuggestiv. Ein positiver Gedankengang aber wirkt dann sicher suggestiv, wenn Sie sich von diesem Gedankengang *ohne innere Anstrengung* führen lassen. Wie man sich von einem positiven Gedanken führen lässt, zeige ich Ihnen in einem späteren Kapitel dieses Buches.

Selbsterfahrung ist das Entscheidende

Wer am eigenen Leib die Wohltat positiver Gedanken erfährt, hat die Gewissheit, dass er positive Autosuggestion richtig anwendet. Erst die Selbsterfahrung gibt Gewissheit. Was nützt es einem Kranken, wenn er weiss oder wenn sein Facharzt weiss, dass diese Krankheit durch Autosuggestion beseitigt werden kann. Macht ihn dieses Wissen schon gesund? Gewiss nicht! Erst muss er die Autosuggestion richtig *anwenden*.

2. Ihr Unbewusstes: Land unmöglicher Möglichkeiten

Das Unbewusste, wo ist es?

Niemand zweifelt daran, dass wir Menschen ein Unbewusstes haben. Schon lange bevor sich Fachleute mit dem Unbewussten beschäftigt hatten, wussten die Menschen, dass es so etwas gibt: «Das ist mir jetzt entfallen!» ruft jemand aus. Wohin ist es ihm wohl gefallen? – Ins Unbewusste natürlich. «Das habe ich ganz unbewusst gemacht …», sagen wir und drücken damit aus, dass wir etwas gemacht haben, ohne dass unser kritisches Bewusstsein eingeschaltet war. «Mir ist eine Idee gekommen», sagt jemand. Woher ist die Idee gekommen? Aus dem Unbewussten selbstverständlich. Alles, was wir im Leben erlebt haben, und sei es für uns noch so geringfügig, alles, was wir gelernt, gehört, gesehen, kurz auf irgendeine Art und Weise erfahren haben, ist im Unbewussten gespeichert. Wo aber ist es, dieses Unbewusste? – Wenn ich dies wüsste, wäre ich der berühmteste Forscher dieses Jahrhunderts. Der Nobelpreis ist Ihnen sicher, wenn Sie es wissen. Das Unbewusste gibt es! Niemand bezweifelt das.

Das Unbewusste, was ist das?

Vor nicht allzulanger Zeit diskutierten in Zürich Wissenschaftler, Psychologen, Philosophen, Theologen, Ärzte, über das Menschsein in unserer Zeit, über den Zeitpunkt der Entstehung der Welt und des pflanzlichen, tierischen und menschlichen Lebens. Als im Verlaufe der Diskussion einer der Wissenschaftler erklärte, dass die Entwicklung den Zeitraum von Hunderten von Jahrmillionen umspanne, wollte einer seiner Kollegen wissen, woher er das alles wisse, ob er dabeigewesen sei. Diese Frage überfiel den Vortragenden und die andern Anwesenden wie ein fauler Witz. – Sind wir dabeigewesen? Eigentlich schon. Irgendwie haben wir ja das körperliche Werden miterlebt. Wir sind alle aus dem gleichen Stoff. Ganz gleichgültig, ob wir heute männlichen oder weiblichen Geschlechts, Amerikaner, Schweizer, Afrikaner, Israeli, Araber oder Chinesen sind, ganz egal, welchen Namen wir heute tragen, wieviel Geld wir auf der Bank haben, jeder von uns kam auf die gleiche Weise zustande. Alle heute noch lebenden Menschen durchliefen im Mutterleib die Zeit ihres Werdens und erlebten den Vorgang der Geburt. Wir sind aus einer männlichen Samenzelle und einer weiblichen Eizelle Fleisch geworden. Der normale Mensch besteht aus 46 Chromosomen; von ihnen stammen 23 von der männlichen Samenzelle und 23 von der weiblichen Eizelle. 23 also produziert der Vater, 23 die Mutter. Ein echter Fall von Emanzipation, möchte man sagen. In den Chromosomen sind die Gene, von denen es Tausende gibt. Jedes Gen ist entweder allein oder zusammen mit anderen Genen für eine ganz bestimmte Entwicklungsphase verantwortlich. Die einen Gene bestimmen unsere Haut-, andere unsere Augenfarbe, wieder andere die Länge unserer Knochen. Weder durch die Befruchtung noch mit der Geburt beginnt, in einem strengen Sinn, neues Leben. «Das Spermium und das weibliche Ei leben ja schon vor der Befruchtung, und ihr Leben weist zurück in frühere Lebenszusammenhänge: in das Dasein der Eltern, der Ahnen, der Menschheit, kurz: in eben jenen immer dunkler werdenden Bereich, den man Herkunft nennen kann», sagt Dr. Saner in «Das Werden des Menschen». Dieser dunkle Bereich ist unser Unbewusstes.

Das Unbewusste wird kosmisch gesteuert

Das gesamte genetische Informationsmaterial, in dem alle unsere Möglichkeiten sind, steht unter kosmischer Leitung. In jeder Phase unseres Lebens sind wir kosmischen Einwirkungen unterworfen.

Unterschiede in der Witterung, der Temperatur, Tag und Nacht sind ja nichts anderes als die Folge von kosmischen Positionsänderungen. Wenn die Sonne am Himmel scheint, ist es niemals stockdunkle Nacht. Es wird Tag, wenn die Sonne im Osten aufgeht, und Nacht, wenn sie im Westen untergeht. Im Winter blühen keine Apfelbäume, und im Hochsommer liegt kein Schnee auf unseren Strassen. Genauso wirken kosmische Strahlungen, der Stand der Sonne zu verschiedenen Zeiten in verschiedener Weise auf die Millionen voneinander verschiedener Genstrukturen in unseren Zellen. All diese Vorgänge, die ich hier nur andeutungsweise beschrieben habe, erleben wir im Mutterleib genauso wie im hohen Alter; über sie haben wir keine bewusste Kontrolle. Das Wichtigste spielt sich also im Unbewussten ab.

Unser Bewusstsein ist im Verlaufe der Entwicklung viel später entstanden als das Unbewusste. Wann ist das Unbewusste entstanden? Es war bestimmt vom ersten Augenblick des Lebens da. Aber wann war dieser erste Augenblick? Bis heute weiss man nicht, wann und wie Leben wirklich beginnt, und darum kann man auch nicht mit Bestimmtheit sagen, wann und wie Leben endet, ob es überhaupt endet. Solange wir *das* nicht wissen, können wir auch nicht mit Bestimmtheit sagen, wo die Grenzen des Unbewussten eines Menschen sind, ob es diese Grenzen überhaupt gibt; denn das Unbewusste *ist* unser Leben.

In der Tiefe des Unbewussten herrscht unbeschreibliches Glücksgefühl

«So unbeschreiblich glücklich wie damals war ich nie mehr in meinem ganzen Leben!» sagt eine ältere Frau. Und wann war das? Als sie als 14jähriges Mädchen ein prächtiges Büschel Feuerlilien in den Felsen erblickte, kletterte sie hinauf. Der brüchige Fels bröckelte. Plötzlich stürzte sie ins Leere. Aber sie erschrak nicht, sondern dachte in diesem Augenblick nur: «In ein paar Momenten wirst du in der Ewigkeit sein.» Sie stürzte und hörte Musik, und es war ihr leicht und wohl.

Frau M., jetzt 40jährig, berichtete, dass sie vor Jahren in einer Vollnarkose auf dem Operationstisch plötzlich Atemnot empfand und das Gefühl hatte: «Jetzt passiert etwas.» Plötzlich befand sie sich in einem hellen, grellen Licht. «Das war wie eine Explosion», erzählte sie, «wie ein Blitz. Ich hatte überhaupt kein Raum- und Zeitgefühl. Ich weiss nicht, ob das Ganze 5 Sekunden, 5 Minuten oder 5 Stunden dauerte. Aber es war wunderbar. Ich hatte keine Angst und keine Sorgen, sondern ein irres Glücksgefühl. Ich fühlte mich unglaublich wohl.»

Ein älterer Mann geriet in akute Todesgefahr und erlebte diese so: «Ich wurde auf eine Art entrückt. Ich war an einem hellen Ort, fast so hell wie ein Blitz ... Ich weiss nicht, wie ich das beschreiben soll, es war alles so schön, so heilig. Mir war so komisch wohl, dass ich heute bedaure, dass ich in dieses Leben zurückgeholt wurde.»

Das Unbewusste kennt die Zukunft

Sie war 6jährig und zeichnete an ihrem Todestag. Auf ein Blatt kritzelte das Mädchen ein Rechteck, einer Bahre ähnlich. Ein Kinderkörper lag darauf, um den sich Personen mit Flügeln bemühten. Die anderen Striche auf dem Blatt konnten eine Strassenkreuzung darstellen. Wenige Stunden nach dieser Zeichnung war das Mädchen tot. Es fiel bei einem brüsken Stopp bei einer Kreuzung vom Traktor des Vaters und wurde vom schweren Gefährt erdrückt. Vor ihrem Todestag hatte das Mädchen nie Personen mit Flügeln gezeichnet.

Einen schier unglaublichen Fall hat Professor Boss in sein Buch «Der Traum und seine Auslegung» aufgenommen. Es handelt sich um den Fall einer Mutter aus der Lüneburger Heide: «Sie träumte, dass ihre beiden Söhne durch einen Fahrradunfall umkommen und mit ihr am gleichen Tage sterben würden. Die Frau hatte auf diesen Traum hin zwar ihre Söhne gebeten, ihre Fahrräder zu verkaufen, und die Jünglinge hatten diesen mütterlichen Wunsch auch erfüllt, wenn auch weniger aus Glauben an die Ahnungen der Mutter als einfach zu deren Beruhigung. Da wurde eines Tages ihr Mann, der sich bisher bester Gesundheit erfreute, in seiner Wohnung von einem jähen Schwächeanfall gepackt. Der schnell herbeigerufene Arzt hielt den Zustand für so ernst, dass er die Frau des Erkrankten veranlasste, die beiden Söhne herbeizurufen. Von den Söhnen, zwei Primanern, befand sich der eine in der Schule, während der andere in der Wohnung eines Kameraden ein Musikstück für eine bevorstehende Veranstaltung einübte. Auf den dringenden Anruf der Mutter hin versuchten beide so schnell wie möglich nach Hause zu gelangen. Der eine borgte sich ein Rad, während der andere von einem Freund im Auto nach Hause gefahren wurde. Zufällig bogen die Brüder aus entgegengesetzter Richtung in die Strasse ein, in der die Wohnung ihrer Eltern lag, und stiessen hierbei so unglücklich zusammen, dass beide auf der Stelle tot waren. Als die verunglückten Söhne in das Haus der Eltern gebracht wurden, rührte die Mutter der Schlag. Der Vater, der Gattin und Söhne an einem Tage verlor und durch seinen Schwächeanfall den Anlass zu der verhängnisvollen Reihe von Unglücken gab, gesundete schnell wieder, gerade so, als ob die Natur ihn nur als Figur in einem Trauerspiel gebraucht hätte.»

Das Unbewusste spricht in Bildern

Wir kennen diese Bilder aus unseren Träumen. Im Gewande symbolischer Verhüllung gibt das Unbewusste uns Kunde. «Was habe ich bloss wieder für einen Mist geträumt!» rufen wir manchmal aus. Von Mist oder Unsinn kann keine Rede sein; die Mitteilungen des Unbewussten sind ausnahmslos sinnvoll. Nur können wir die Traumsprache, die Sprache des Unbewussten, nicht, nicht sofort oder nur teilweise verstehen.

In zwei aufeinanderfolgenden Nächten hatte eine 40jährige Frau immer wieder haargenau den gleichen widerlichen Traum. Es erschien ihr im Traum ein Dämon, der sie zwang, auf die überhitzte Zentralheizung zu sitzen. Der Schmerz, den sie dabei verspürte, weckte sie. Doch nach dem Erwachen spürte sie nicht mehr das geringste. Sie schlief wieder ein, doch der gleiche widerliche Traum weckte sie wieder. Auch in der dritten Nacht zwang sie der Dämon im Traum, auf die überhitzte Zentralheizung zu sitzen. Und wieder erwachte sie gegen drei Uhr morgens an dem Traumschmerz. Diesmal aber hielt der brennende Schmerz auch im Wachen an. Sie konsultierte ihren Hausarzt, der eine Nierenbeckenentzündung diagnostizierte. Die Behandlung der Nierenbeckenentzündung besteht in Bettruhe, Verabreichung von Antibiotika, entsprechender Diät und in *Wärmetherapie*. So gesehen bekommt die Zentralheizung in diesem Traum Sinn.

Nicht immer ist die Bildersprache des Unbewussten so rätselhaft. Ganz im Gegenteil. Ein 13jähriger Schüler bekam von seinem Lehrer eine schwierige geometrische Hausaufgabe. Der Junge begab sich nach der Schule sofort nach Hause, zeichnete, konstruierte und überlegte lange. Doch er kam zu keinem Ergebnis. Auch nach dem Abendessen und noch im Bett beschäftigte er sich mit dieser Hausaufgabe. Schliesslich übermannte ihn der Schlaf. Die Aufgabe beschäftigte ihn aber auch im Schlaf. Schlafend sah er plötzlich ganz deutlich die Lösung der Aufgabe vor sich. Mitten in der Nacht sprang er auf, drehte das Licht an und zeichnete die Lösung in einem Zuge auf.

Viele Entdeckungen verdanken wir dem Unbewussten eines Menschen. Die Entdeckung der Ringstruktur des Benzols zum Beispiel dem Unbewussten des Chemikers Kerküle. Er schildert, wie Prof. Boss in «Der Traum und seine Auslegung» zu berichten weiss, die Entstehung der Benzolformel in seinen Traumgestalten folgendermassen: «Wieder gaukelten die Atome vor meinen Augen ...

Mein geistiges Auge, durch wiederholte Gesichte ähnlicher Art geschärft, unterschied jetzt grössere Gebilde von mannigfacher Gestaltung. Lange Reihen, vielfach dichter zusammengefügt: alles in Bewegung, schlangenartig sich wendend und drehend, siehe, was war das? Eine der Schlangen erfasste den eigenen Schwanz, und höhnisch wirbelte das Gebilde vor meinem Auge. Wie durch einen Blitzstrahl erwachte ich ...» Darum schloss Kerküle dann auch seinen Selbstbericht an der Benzolfeier (1890) mit den folgenden Worten: «Lernen wir träumen, meine Herren, dann finden wir vielleicht die Wahrheit.»

Das Unbewusste
kennt den Bereich des Menschenmöglichen

In Ausnahmesituationen sind Menschen zu Leistungen fähig, die sie sich bewusst nie zutrauen. Was ist überhaupt menschenmöglich? Das eigene Unbewusste kennt den Bereich des Möglichen. Was menschenmöglich ist, weiss weder ein Fachmann, noch können die Eltern wissen, was im Bereich des Möglichen ihrer Kinder liegt. Allein das eigene Unbewusste kann und wird diese Frage beantworten. Der Stand unseres heutigen Wissens, auch des Fachwissens, ist niemals gleichbedeutend mit dem Menschenmöglichen. Neue Erkenntnisse, Fortschritte, können ja nur deshalb gemacht werden, weil viel mehr im Bereich des Menschenmöglichen liegt, als wir selbst für möglich halten. Wir wissen, dass ein amputiertes Bein, ein verlorener Arm nicht nachwachsen. Offenbar liegt dies nicht – oder noch nicht, muss man vorsichtigerweise sagen – im Bereich des Menschenmöglichen. Bei Tieren ist dies allerdings möglich. Der Krebs kann eine im Kampf verlorengegangene Schere nachwachsen lassen. Bei der Eidechse wächst ein abgequetschter Schwanz wieder nach. Vielleicht gibt es eines Tages, vielleicht gab es früher eine Menschenart, die es den Tieren gleichtun kann oder konnte. Vielleicht kann der Mensch in einigen Jahren, vielleicht konnte der Mensch vor vielen Jahren mehr, als wir heute nachweisbar können.

Es ist immer gut, wenn Sie den Bereich des Möglichen nicht von vornherein allzu eng ziehen. Auch Ihr Unbewusstes ist ein Land scheinbar unmöglicher Möglichkeiten.

3. Der Wille und das Unbewusste

Es ist nicht der Wille, der alle Organe unseres Körpers arbeiten lässt. Nicht der Wille steuert das Herz, die Blutbildung, die Atmung, die Verdauung, die Wärmeentwicklung, das Wachstum. Eiserner Wille kann keines der Organe wirklich zum Arbeiten bringen. Mit dem Bewusstsein sind nachts Wille und Vernunft schlafen gegangen. Das Unbewusste aber schläft nie, arbeitet Tag und Nacht, ruht niemals. Das Unbewusste steuert alle Organe. Wenn das Unbewusste auch nur ein einziges Mal in der Nacht vergessen würde, die Organe weiter arbeiten zu lassen, so könnte das Bewusstsein am nächsten Morgen beim besten Willen nicht mehr erwachen.

Und die vielgerühmte Willenskraft? Gibt es sie?

Der Wille regiert im Bewusstsein

Das Bewusstsein ist ein wichtiger Teil des ganzen Menschen. Die unbewusste Persönlichkeit aber überragt die bewusste bei weitem. Im Bewusstsein regiert der Wille. Er ist die Fähigkeit unserer *bewussten Persönlichkeit,* frei zu wählen. Mit dem Willen wählen wir die Richtung, die wir unseren Gedanken und Kräften geben wollen. Der Wille ist es auch, der die Ausführung des einmal Beschlossenen kontrolliert. Der willensschwache Mensch lässt seine Gedanken und Kräfte ohne die bewusste Führung, also flattern wie Fahnen im Wind. Der willensstarke Mensch *gibt* seinen Gedanken und Kräften eine Richtung. Wer den sprichwörtlichen «eisernen» Willen hat, hält an einer einmal eingeschlagenen Richtung so lange fest, als es für ihn keinen Grund gibt, davon abzuweichen.

Die Willensrichtung ist nicht immer positiv! Man kann auch negativ wollen. Es gibt genug Leute, die nicht mehr leben, nicht mehr gesund werden wollen. Diese Menschen also sind keineswegs willensschwach. Ganz im Gegenteil!

Die Willensprüfung

Kinder prüfen ihren Willen mit viel Spass. Sie balancieren auf herumliegenden Baumstämmen von einem Ende zum andern, und sie freuen sich, wenn sie möglichst lange einer Linie folgen können, ohne daneben zu treten. Das ist eine echte Willensprüfung. Wir sollten Kinder nie daran hindern! – Der willensstarke, zielstrebige Wanderer hinterlässt in einer frisch beschneiten Fläche im Winter oder in einer Fläche frischen Sands im Sommer in der Regel eine schnurgerade Fussstapfenlinie. Die Spur des Willensschwachen dagegen zeigt auch dort Ausbiegungen, wo kein Hindernis eine verlangt.

Im Kampf zwischen dem Willen und den Kräften des Unbewussten siegt ausnahmslos das Unbewusste

Wer einem anderen unsympathisch ist, kann beim besten Willen nichts dagegen tun. Er kann sich die Nerven zerquälen, mit festem Willen um Sympathie ringen und doch nur das Gegenteil von dem erreichen, was er will! Das musste Rolf in der vierten Klasse erleben. Nach Meinung der Eltern hatte der Lehrer eine Antipathie gegen Rolf. Sie waren davon überzeugt. Sie kannten jedoch die wichtige Stellung des Lehrers in der Gemeinde und wussten von seinem Ansehen. Darum forderten sie Rolf auf: «Gib dir Mühe! Wenn du willst, gewinnst du die Sympathie des Lehrers. Du musst nur wollen.» Rolf gehorchte. Mit bestem Willen strengte er sich an. – Im Schulbericht beschrieb der Lehrer den Knaben als Clown, als Kind, das zwar will, sich aber überall lächerlich macht!

Marianne ist die Tochter eines Grossindustriellen. Als 16jährige wollte Marianne wirklich gute Noten nach Hause bringen. Ihr Wollen half nichts. Die Noten waren klar unter dem Durchschnitt, so dass der Rektor der Schule dem Vater empfahl, das Mädchen aus der Schule zu nehmen. Der erboste Vater organisierte stützenden Unterricht, und die Mutter sass abends, wenn der Vater mit seinen Verwaltungsratskollegen diskutierte und debattierte, neben Marianne und büffelte mit ihr, bis sie über den Schulbüchern weinte. «Versuche es doch wieder», flehte die Mutter, «wenn du willst, dann geht es schon! Du weisst doch, dass es Vaters grösster Wunsch wäre, wenn du auf die Uni gehen könntest.» In einem Punkte waren sich Vater und Mutter einig: Wenn das Kind einen festen Willen hätte, würde es auch die erforderlichen Schulnoten erreichen. Auch Marianne wollte. Ja, sie wollte wirklich! Aber ihr Unbewusstes nicht. Und wenn die Willensstrebungen und die Strebungen des Unbewussten nicht gleichgerichtet sind, siegt ausnahmslos das Unbewusste.

Herr Meier ist ein Willensmensch. Er ist Lehrer und hat bis jetzt so ziemlich alles erreicht, was er im Leben erreichen wollte. Er schreibt seine Erfolge ganz seinem

Willen zu. Dass andere sich über Magenschmerzen beklagen, müde und abgespannt sind, schlecht schlafen und darum bleich und abgemagert aussehen, begreift Herr Meier ganz und gar nicht. Er ist überzeugt, dass diese Leute keinen Willen haben. Er sagt es ihnen oft auch offen und direkt: «Wenn ihr wirklich wolltet, würdet ihr nicht bei jedem kleinsten Kummer, bei jedem Wetterumschlag die alten Sorgen und Beschwerden haben. Man muss nur gesund sein wollen, dann ist man auch gesund!» – Der Mann von Frau Huber ist der gleichen Meinung wie Herr Meier. Frau Huber will zwar einen gesunden und lebensfrohen Eindruck machen; es gelingt ihr aber nur sehr kurze Zeit. Oft ist sie so zerschlagen, dass sie sich hinlegen muss. Für ihren Mann ist dies der beste Beweis dafür, dass seine Frau keinen echten Willen hat.

Was ist denn das Geheimnis des erfolgreichen Willensmenschen? – Es gelingt ihm spontan, seinen Willen mit den Strebungen des Unbewussten in Einklang zu bringen und zu halten. Das ist das Glück des «Willensriesen». Dass der ausgesprochene Willensmensch seine Erfolge allein seinem Willen zuschreibt, liegt daran, dass er in der Regel ein ausgesprochen bewusstseinsbetonter Mensch ist. Und im Bewusstsein regiert eben der Wille. Der Wille allein aber bringt keine Erfolge zustande. *Wenn der Wille mit den Kräften des Unbewussten nicht harmoniert, bestimmt ausnahmslos das Unbewusste.* Wer beim Einschlafen nicht vom Gefühl der Müdigkeit und Schläfrigkeit erfasst wird, denkt oder ruft aus: «Ich will schlafen, ich will jetzt endlich schlafen; aber ich kann nicht. Wenn ich doch endlich schlafen könnte!» Gerade ein aufgeregtes, sich aufbäumendes «Ich will jetzt endlich!» ist ein Zeichen dafür, dass die Strebungen des Willens und des Unbewussten nicht gleichgerichtet sind. Je mehr sich ein Mensch innerlich aufbäumt, je verzweifelter er ausruft: «Ich will endlich, ich will jetzt, ich will doch …», desto sicherer erreicht er das Gegenteil von dem, was er will. Im Kampf zwischen Wille und den Kräften des Unbewussten siegt ausnahmslos das Unbewusste.

Oft liegt uns ein Name auf der Zunge, und wir glauben, ihn aussprechen zu können. Je mehr man den Namen aussprechen will, desto weniger gelingt dies, desto sicherer entflieht der Name vollständig. Erst wenn wir das Vorhaben, den gewünschten Namen unbedingt auszusprechen, aufgeben, fällt er uns ein, und wir können ihn mühelos aussprechen.

Während eines Vortrages werden manche Leute von einem Hustenreiz geplagt. Sie denken, wie lästig und störend ihr Husten für die anderen gerade jetzt sein müsste. Mit festem Willen versuchen sie, den Reiz zu unterdrücken. Doch gerade dadurch wird er immer unaushaltbarer. Je mehr sie ihn unterdrücken wollen, desto stärker bedrängt er sie. Schliesslich wird der Reiz unerträglich, und der Hustenanfall bricht derart heftig aus, dass der Zuhörer für einen Augenblick den Saal verlassen muss. Wenn die Strebungen des Unbewussten nicht mit dem Willen gleichgerichtet sind, passiert genau das Gegenteil von dem, was man will.

Eine Konzertpianistin wollte während eines Konzertes eine schwierige Stelle im Stück vergessen. Immer wieder kam ihr aber diese schwierige Stelle in den Sinn. Doch sie wollte sie meistern. Aber gerade weil sie diese schwierige Stelle meistern wollte, misslang sie ihr.

Versicherungskaufmann Lüdy wollte endlich Macht über andere haben. Besonders wollte er Macht über seine direkten Vorgesetzten gewinnen. Zweimal wöchentlich war Sitzung im Büro des Chefs. Lüdy machte sich guten Willens auf den Weg; aber schon als er an die Chef-Tür klopfte, erlahmte sein Machtwille völlig, und jedesmal kehrte er tiefenttäuscht von den Verhandlungen in sein eigenes Büro zurück.

Der Wille wählt. Er wählt die Richtung, in die die unbewussten Kräfte gelenkt werden sollen. Solange der Wille und die Strebungen des Unbewussten gleichgerichtet sind, solange der Wille und das Unbewusste harmonieren, geht alles gut. Sobald aber die bewusste Persönlichkeit eines Menschen etwas anderes will, als das Unbewusste «kann», sobald das Unbewusste das, was wir wollen, nicht annimmt, nicht annehmen kann, behält ausnahmslos immer das Unbewusste die Oberhand. Kein Wunder! Das Unbewusste ist das Leben; gesellschaftliche Stellung, Ruhm und beruflicher Erfolg können ihm darum erst in zweiter Linie wichtig sein.

Wenn Wille und Unbewusstes harmonieren

Wenn der Wille und die Strebungen des Unbewussten harmonieren, bedeutet dies nicht Verdoppelung, sondern Vervielfachung der Kräfte! Wo Wille und Unbewusstes übereinstimmen, wird oft unmöglich Scheinendes möglich. Schier übermenschliche Kräfte können frei werden. Der Mensch, dessen Wille und unbewusste Strebungen gleichgerichtet sind, kann sagen: «Ich will», und dieses «Ich will» klingt im Tiefsten der Seele fort und findet dort einen stillen, aber sicheren Widerhall, der ein Empfinden, ein Gefühl vermittelt, das den Worten *«Ich fühle,* dass ich kann, was ich will»* entspricht.

Das aus der Tiefe der Seele aufkommende Gefühl, das eine Handlung begleitet, sagt uns deutlich, ob unser Wille und die Strebungen unseres Unbewussten miteinander harmonieren. «Ich hatte ein gutes Gefühl bei dieser Sache» oder «Ich war meiner Sache sicher!» oder im Gegenteil «Schon bevor ich an die Sache heranging, hatte ich ein ungutes Gefühl» oder «Ich spürte, dass es so und so kommen musste» sind wohlbekannte Aussprüche. Angstgefühle sind klare Anzeichen dafür, dass sich das Unbewusste gegen die Ausführung einer beabsichtigten Handlung sträubt. Warum das Unbewusste sich sträubt, bleibt oft rätselhaft; aber es hat seine Gründe. Wer bei einer bestimmten Sache ein «gutes» Gefühl hat, weiss, was er will und was er kann.

Die Gleichrichtung von Wille und unbewussten Strebungen ist lernbar, ist Übungssache! Anleitung dazu finden Sie in diesem Buch.

4. Die Macht der Vorstellung

Was Sie sich vorstellen können, verwirklicht sich im Bereich des Möglichen

Können Sie sich vorstellen, dass es Gott gibt? Oder können Sie sich vorstellen, dass es keinen Gott gibt? Können Sie sich vorstellen, dass Gott ein Mann ist? Oder gehören Sie zu denjenigen, die sich vorstellen, dass Gottvater kein anderer ist als der eigene Vater, den wir während der Zeit im Mutterleib wahrgenommen haben? Immerhin ist die Hälfte der Bausteine, aus denen wir sind, von ihm. Wir haben darum von Anbeginn an zu ihm eine Beziehung; nur existiert er ausserhalb des Mutterleibes, der so dunkel ist wie eine Kirche oder Moschee und in dem wir bis zum jüngsten Tag, dem Tag der Geburt meine ich, leben. Können Sie sich das vorstellen? Oder ist es zu kompliziert? Dann lesen Sie diese Zeilen nochmals und bitte «dynamisch», so, wie ich es anfangs beschrieben habe. Und denken Sie gut darüber nach!

Was immer Sie sich von Gott für Vorstellungen machen, diese verändern Gott nicht; *Sie* werden durch Ihre Vorstellungen beeinflusst. Ihre Vorstellungen lenken Ihr Unbewusstes und dieses verändert Sie im Bereich des Möglichen, weil es ja auch alle Vorgänge in Ihrem Körper lenkt. Haben Sie dies verstanden? Dann haben Sie auch das Wesen der Suggestion begriffen.

Die Macht der Vorstellung, das Wesen der Suggestion, können Sie jederzeit erleben. Wollen Sie sich jetzt überzeugen, dass Sie Suggestionen richtig ausführen? Es gibt dazu kein besseres Instrument, sicher keines, das einfacher und leichter zu handhaben wäre, als das weltbekannte Chevreulsche Pendel.

Der erste Pendelversuch

Natürlich kann ich Sie jetzt nicht zwingen, diesen Versuch zu machen. Sie haben ja einen freien Willen. Der Entscheid liegt also bei Ihnen. Doch haben vermutlich auch Sie dieses Buch gekauft, um in das Wesen der Suggestion eingeführt zu werden. Die Situation ist dann klar: Ich bin Ihr Führer, und ich erwarte von Ihnen jetzt, dass Sie sich gut führen lassen. Für Sie selbst ist es jetzt gut, genau das zu tun, was ich Sie jetzt als Führer zu tun bitte.

Fertigen Sie sich ein Pendel an. Nehmen Sie einen dünnen Faden aus beliebigem Material, und befestigen Sie daran ein Gewicht, zum Beispiel einen Siegelring, den Hausschlüssel oder etwas Ähnliches. – Nehmen Sie nun Ihr Pendel, und setzen Sie sich damit an einen Tisch. Stützen Sie den rechten Ellbogen auf die Tischplatte auf, und halten Sie den Faden zwischen Daumen und Zeigfinger Ihrer rechten Hand. Bringen Sie das Pendel (das Gewicht: den Hausschlüssel, den Siegelring) soweit als möglich zum Stillstand. Sie können es notfalls mit der freien Hand eine Zeitlang festhalten. Wenn es stillsteht, nehmen Sie die Hand wieder weg. Achten Sie darauf, dass Sie ganz entspannt, gelöst dasitzen; entspannen Sie sich am ganzen Körper, besonders aber am rechten Arm. Schauen Sie ganz ruhig und gelöst auf den Gegenstand, den Sie als Pendel verwenden. Stellen Sie sich nun – ohne dass Sie sich aber innerlich anstrengen – vor, dass das Pendel rechtsherum, also im Uhrzeigersinn, zu kreisen beginnt.

Je besser, je lebhafter Sie sich das vorstellen, desto schneller beginnt sich das Pendel in der vorgestellten Richtung zu bewegen. Ohne dass Sie mit der Hand oder den Fingern bewusst mithelfen. Denken Sie bei diesem Versuch an nichts anderes als das Pendel, und stellen Sie sich ganz lebhaft vor, wie das Pendel rechtsherum kreist.

Wenn Sie genau das tun, was ich Sie als Führer zu tun bitte, gelingt Ihnen dieser Versuch!

Warum schwingt das Pendel? – Früher wurden geheimnisvolle magische Mächte, magnetische Strahlen und dergleichen als Ursache der Pendelbewegung angesehen. Wir wissen heute, dass es Vorstellungen sind, die das Pendel in Bewegung setzen. Durch die lebhafte Vorstellung werden über das Unbewusste in den Armmuskeln leichte Muskelbewegungen ausgelöst, die der Vorstellung entsprechen und das Pendel in Bewegung setzen. Diese Erscheinung ist eine der wichtigsten und grundlegendsten bei Suggestionen.

Der zweite Pendelversuch

Nehmen Sie nochmals Ihr Pendel, und setzen Sie sich damit an den Tisch. Stützen Sie den rechten Ellbogen auf die Tischplatte auf, und halten Sie wieder den Faden zwischen Daumen und Zeigfinger Ihrer rechten Hand. Bringen Sie das Pendel wie beim ersten Versuch so weit als möglich zum Stillstand. Achten Sie auch jetzt darauf, dass Sie ganz entspannt sind; Sie fühlen sich dann gelöst und ruhig. Schauen Sie auf das Pendel, auf den Gegenstand also, den Sie als Pendel verwenden. Konzentrieren Sie sich ganz darauf, aber ohne dass Sie sich innerlich anstrengen. Bald werden Sie feststellen, dass das Pendel anfängt, sich zu bewegen. Gleichgültig, in welcher Richtung, aber es bewegt sich. Es fängt an, sich zu bewegen, zunächst ein wenig, dann mehr und mehr. Schauen Sie auf das Pendel, und denken Sie an die Bewegungen des Pendels. Denken Sie «mehr und mehr, mehr und mehr, mehr und mehr …»! Wenn Sie das tun, wird sich das Pendel stärker und stärker bewegen.

Zur Beendigung der Übung richten Sie sich auf und legen das Pendel weg.

Armlevitation

Können Sie sich vorstellen, dass Ihr Arm leichter und leichter wird? Dann machen Sie den nachfolgenden Versuch. Halten Sie sich, wie immer, genauestens an die Anleitung! Und achten Sie darauf, dass Sie bei diesem Versuch nicht gestört werden. Er dauert mehrere Minuten. Das Gelingen steigert Ihr Selbstvertrauen ganz enorm.

Setzen Sie sich bequem und entspannt hin, und legen Sie die Hände auf Ihre Oberschenkel. Schauen Sie auf Ihre rechte Hand. Stellen Sie sich nun lebhaft vor, wie Ihre rechte Hand ganz leicht wird. Denken Sie an das Leichterwerden Ihrer rechten Hand, Ihres rechten Armes. Wenn Sie nur an das Leichterwerden Ihrer rechten Hand, Ihres rechten Armes denken, so werden Sie in wenigen Augenblicken ein ganz eigenartiges Gefühl in Ihrer rechten Hand wahrnehmen, eine Art Starre, Taubheit und dann das Gefühl des Leichterwerdens. Bald werden Sie, wenn Sie nur an das Leichterwerden Ihres rechten Armes denken, *fühlen,* wie sich Ihre Hand bewegt. Ich weiss nicht, wie sie sich bewegt, aber sie wird sich bewegen. Vielleicht sind es nur Ihre Fingerspitzen, vielleicht einzelne Finger oder die ganze Hand. Beobachten Sie Ihre Hand, und denken Sie an Ihre Hand. Denken Sie an das Leichterwerden Ihrer Hand, und wenn Sie nur an das Leichterwerden Ihrer rechten Hand denken, wird sich diese bewegen. Wenn Sie fühlen, dass sich Ihre Hand bewegen will, lassen Sie Ihre Hand sich bewegen! Wenn Sie Ihre Vorstellung beibehalten, wird sie immer leichter und leichter. Wenn Sie die Vorstellung, dass Ihr rechter Arm, Ihre rechte Hand leichter werden, beibehalten, können Sie beobachten, wie sich Ihre Hand und Ihr Arm mehr und mehr von der Unterlage (Oberschenkel) abheben. Wenn Sie die Vorstellung des Leichterwerdens Ihrer rechten Hand und Ihres rechten Armes beibehalten, verliert Ihre rechte Hand Gewicht und wird leichter und leichter und steigt höher und höher, als ob sie an Fäden hochgezogen würde. Ihr Arm beginnt sich zu heben, mehr und mehr, er steigt höher und höher. Schliesslich schwebt er in der Luft. Arm und Hand haben die Tendenz, leichter und leichter zu werden, zu schweben. Ihre rechte Hand und Ihr rechter Arm schweben. Lassen Sie Ihre rechte Hand schweben. Erleben Sie etwa zwei Minuten lang, wie Ihre rechte Hand, Ihr rechter Arm schweben. – Achtung! Brechen Sie den Versuch an dieser Stelle nicht einfach ab, sondern geben Sie jetzt den Gedanken, dass Ihre rechte Hand und Ihr rechter Arm leichter sind und schweben, wieder auf. Sie erleben dann, dass Ihr rechter Arm, Ihre rechte Hand in die Ausgangsstellung zurücksinken. Lassen Sie Arm und Hand in die Ausgangsstellung zurücksinken, ganz ruhig. Wenn Arm und Hand in die Ausgangsstellung zurückgesunken sind, ist dieser Versuch beendet. Sie richten sich automatisch auf. Beugen und strecken Sie ein paarmal kräftig beide Arme. Atmen Sie bewusst tief durch. Sie sind dann hellwach, und Sie fühlen sich frisch und munter.

Sind Sie überrascht, dass Ihnen diese Übung gelungen ist? – Wenn Sie einen Gedanken konsequent festhalten, verwirklicht sich die damit verbundene Vorstellung im Bereich des Möglichen. Sie verstehen jetzt, dass es nicht gleichgültig ist, was man denkt. Wer so sicher und gut denken kann, muss sich hüten, je zu denken: «Das kann ich nicht!»

Auf die eben erfahrene Weise lassen der Gedanke an eine Gefahr und die Vorstellung der Folgen dieser Gefahr den Blutdruck steigen. Auf die gleiche Weise machen Angstvorstellungen krank. Der Gedanke einer baldigen Genesung und die damit verbundene Vorstellung, wieder gesund zu sein, machen Kräfte frei, die eine Heilung im Rahmen des Möglichen herbeiführen helfen. Die Vorstellungen, und die ihnen zugrunde liegenden Gedanken, lenken die unbewussten Kräfte. Sind also die Gedanken und die damit verbundenen Vorstellungen positiv, so sind auch die Kräfte des Unbewussten in *positive* Bahnen gelenkt. Und weil *auch Sie* sich etwas vorstellen können, haben auch Sie die Möglichkeit, die Kräfte Ihres Unbewussten positiv zu lenken.

Ich will schon, aber ich kann nicht!

«Ich kann mir nicht vorstellen!» rief Frau S. aus, «dass ich meine Angst vor Hunden einmal verliere. Ich will diese Angst endlich verlieren; ich bekomme schon feuchte Hände, wenn ich an Hunde denke. Und wenn ich einen Hund in der Ferne sehe, sage ich mir: "Jetzt nur keine Angst haben." Ich habe aber Angst, furchtbare Angst sogar. Wenn das Tier dann näher kommt, gebe ich mir alle Mühe, die Angst zu verbergen. Ich zeige die Angst nie! Es ist aber wie verhext. Bei meinen Kindern oder meinem Mann bleiben die Tiere ruhig; sie gehen an ihnen vorbei. Ich aber werde von den Hunden angebellt. Ja, die Tiere machen Anstalt, mich anzugreifen. Niemand kann sich vorstellen, welche Ängste ich vor diesen Tieren durchzustehen habe. Ich will diese Angst verlieren; aber ich kann mir einfach nicht vorstellen, wie ich diese Angst verlieren soll.»

Was man sich nicht vorstellen kann, wird sich auch nicht verwirklichen. Beim besten Willen ist nichts zu erreichen, wenn die Vorstellung fehlt.

Wer denkt: «Ich will, aber ich kann nicht», erreicht genau das Gegenteil von dem, was er will. Das beweist sehr eindrücklich der weltbekannte Handfalteversuch.

Der Handfalteversuch

Wollen Sie auch diesen Versuch machen? Dann tun Sie genau das, was ich Ihnen als Ihr Führer jetzt sage. Verschränken Sie die Finger, gerade so, als wollten Sie beten. Strecken Sie die Arme gut nach vorn, und pressen Sie die Finger fest ineinander, ganz fest, so fest Sie können. Geben Sie Ihre ganze Kraft her. Pressen Sie die Finger, bis die Hände zittern. Denken Sie dabei: «Ich presse die Finger, ganz fest, so fest ich kann.» Pressen Sie die Finger jedoch ohne sich dabei *innerlich* anzustrengen. Die äussere Anstrengung genügt vollauf. Schauen Sie nun Ihre Hände an, und denken Sie: «Ich will meine Hände auseinandernehmen, aber ich kann nicht, ich kann nicht!»

Wenn Sie genau das denken, dann können Sie jetzt die Hände nicht auseinandernehmen. Je mehr Sie es versuchen, desto weniger gelingt es Ihnen. Solange Sie denken: «Ich will die Hände auseinandernehmen, aber ich kann nicht», bleiben die Hände fest ineinander verkrallt. Sie fühlen sich wie verbacken an. Solange Sie denken: «Ich will die Hände auseinandernehmen, aber ich kann nicht», verkrallen sich die Finger ineinander. Immer mehr und mehr. Sie spüren, dass sich die Finger beim Gedanken «Ich will meine Hände auseinandernehmen, aber ich kann nicht» immer mehr und mehr ineinander verkrampfen. Wenn Sie natürlich in der Mitte der Übung denken: «Ich will nun sehen, ob ich die Hände nun doch auseinanderbringen kann», und sich vorstellen, wie Sie die Hände auseinandernehmen, können Sie es sofort; denn es verwirklicht sich ja das, was Sie denken und sich vorstellen! Solange Sie denken: «Ich verschränke die Finger ganz fest», und diesen Gedanken auch konsequent festhalten (das ist die Willensrichtung), solange bringt der Gedanke: «Ich will die Hände auseinandernehmen, aber ich kann nicht» die Finger immer fester und fester ineinander.

Um diesen Versuch zu beenden, denken Sie: «Ich kann die Hände auseinandernehmen.» Das können Sie sich gut vorstellen. Und Sie können die Hände auseinandernehmen. Jetzt geht es ganz leicht. Manchmal braucht es einige Sekunden, bis man die verkrampft gewesenen, blau und weiss gedrückten Finger richtig lösen kann.

Nicht zu glauben

Schüler machten Schlagzeilen, als sie ihrem verhassten Lehrer einen Denkzettel verpassen wollten. Sie verhafteten ihn, verschleppten ihn vor eine selbstgemachte Guillotine und versicherten ihm, dass er jetzt durch das Fallbeil sterben werde. Sie warfen ein Tuch über seinen Kopf und schoben ihn unter die Guillotine. Das Fallbeil liessen sie aber knapp neben seinem Kopf vorbeisausen. Vorbei war der

Ulk. Als die Schüler dem Lehrer das Tuch vom Kopf nahmen, war er tot. – Können Sie sich das vorstellen? Was tötete ihn? Nicht das Fallbeil! Der Glaube? Nein, die *Vorstellung,* dass er sterben werde!

Der Lehrer fragt einen Schüler: «Bist du krank?» Der Schüler fragt zurück: «Warum?» Der Lehrer ergänzt: «Weil du bleich und krank aussiehst!» Kurz darauf fühlt sich der Schüler hundeelend, verlässt die Schule und legt sich zu Hause ins Bett. Ist der Schüler krank, weil er den Worten des Lehrers glaubt? Oder ist er krank, weil er sich vorstellen kann, dass man krank sein muss, wenn man so schlecht aussieht? Die aus der Vorstellung gewonnene *Gewissheit* wirkt suggestiv und bringt damit alle körperlichen Veränderungen im Bereich des Möglichen hervor. Und im Augenblick, in dem er sich hundeelend fühlt, hat er die Gewissheit, dass er krank ist. Können Sie sich das vorstellen? – Sind Sie überzeugt? – Gut, dann brauchen Sie es nicht zu glauben!

Die Anweisungen zu den Versuchen (den Pendelversuchen, der Armlevitation, dem Handfalteversuch) brauchen Sie nicht zu glauben. Wer die Versuche genau nach Anleitung durchführt, erlebt die Wirkung. Wer beim Handfalteversuch etwa die Hände öffnet und darüber sichtlich unbefriedigt ist, hat die Anleitungen nicht konsequent befolgt. Jeder gelungene Versuch gibt Sicherheit und vermittelt die Gewissheit, dass man suggerieren kann. Es ist nicht zu glauben, was ein Mensch alles fertigbringt, wenn er *seiner Sache sicher ist.* Können Sie sich das vorstellen?

Machen Sie jetzt eine Lesepause, und denken Sie über das Gelesene nach. Darauf lesen Sie «dynamisch», wie am Anfang des Buches beschrieben, weiter.

5. Auch in Nancy half sich jeder selbst

«Ein freundlicher, alter Papa, voller Güte, aber nicht sentimental, doch klug und recht energisch»

So beschrieb die Schweizer Ärztin Dr. Lucci, die ich im folgenden immer wieder zitiere, in «Praxis der bewussten Autosuggestion Emil Coué» den wissenschaftlichen Heilkünstler, der Gegenstand jenes Massenvertrauens war, das sonst nur Gesundbeter oder manche Kurpfuscher geniessen. Coués Haus in Nancy, damals ein kleines Städtchen inmitten eines lieblichen Hügellandes in Ostfrankreich, hatte einen ganz besonderen Ruf. Es galt für einfache Gemüter geradezu als Stätte der Wunder. Coué wurde 1857 in Troyes geboren. Sein Vater war Eisenbahnangestellter. Die Mittel für seine Gymnasialstudien hatte sich Coué selbst verdient. Er hatte die Absicht, Chemiker zu werden, wurde dann aber Apotheker. Seine Apotheke in Troyes führte er mustergültig, und er wurde ein reicher Mann. Die seelische Behandlung seiner Kundschaft ging nebenher. Um 1910 dann zog sich Coué als 53jähriger von Troyes nach Nancy zurück, um ganz die Entdeckung auf psychologischem Gebiet zu leben, die er und seine Vorgänger gemacht hatten. Seine Persönlichkeit und sein Vermögen stellte er in ihren Dienst. Er verwirklichte die Idee des Christentums.

Sie kamen zu ihm, um zu erfahren, wie sie sich selbst helfen konnten

Mit verdüstertem Gesicht kamen die meisten, manche gebeugt, manche mit Hilfe eines Stockes. Im Rollstuhl wurden Leute zu Coué geschoben, andere zu ihm geführt. Nur wenige kamen aus Interesse, um die Sache zu studieren. Hausfrauen, Dienstmädchen, Landleute, Angestellte, Offiziere, Kaufleute, Schüler, Reiche und Arme, besonders aber viele Fremde, Amerikaner, Engländer, Australier, kamen, um zu erfahren, wie sie sich selbst helfen konnten.

Zwei kleine Gebäude waren gegenüber Coués Besitztum errichtet worden. Dort, an der ruhigen Peripherie der Stadt Nancy, in einem von Mauern umgebenen Garten, empfing Coué diese Leute. Jeder, der kommen wollte, hatte ohne weiteres und ohne Anmeldung Zutritt. Coué war kein Kurpfuscher. Der einfache, humorvolle Mann mit den klugen Augen liess jeden Angekommenen einen Zettel unterschreiben, dass er unbedingt einen Arzt aufsuchen müsse, wenn er krank sei. Er begrüsste seine Schüler, wie er die Leute, die zu ihm kamen, oft nannte, mit den Worten: «Meine Damen und Herren, ich bin kein Zauberer oder ein mit geheimnisvollen Kräften ausgestatteter Mensch ... Ich will Ihnen lediglich als Lehrer meine Methode der Selbsthypnose und ihre praktische Anwendung zeigen ... Ärztliche Behandlung und Autosuggestion harmonieren aufs glücklichste miteinander.»

Jeden Anwesenden fragte Coué nach seinem Leiden. Auf Grund seiner grossen Erfahrung konnte er während dieser Runde jedem sagen, ob sein Leiden durch Autosuggestion geheilt werden konnte oder ob die volle Heilung nicht ganz sicher war. Einer Frau, die schon lange die fixe Idee hatte, dass ihr jemand Gift in die Nahrungsmittel streue, die aber sonst vernünftig war und das Unsinnige ihrer Angst einsehen konnte, sagte er, dass ihr Leiden leicht und schnell zu heilen sei, *wenn sie die Autosuggestion richtig ausübe!*

Die Leute, die schon nach äusseren Zeichen, dem finsteren, verzweifelten Gesichtsausdruck und hageren Körper, den Eindruck schweren Krankseins machen, nennt man in der Fachsprache Neurastheniker. Die Neurastheniker haben ein Leichenbittergesicht, wie es sich für ein Begräbnis gehört. Ihnen sagte Coué, dass sie auf jeden Fall zu heilen seien, wenn sie die Autosuggestion richtig ausführten. Den Nervösen, Schlaflosen, Aufgeregten sagte er dasselbe. Besonders in Stimmung kam Coué, wenn sich unter den Anwesenden Leute mit Kopfschmerzen, Nervenschmerzen, Rheumatiker befanden, am liebsten solche, die vor Schmerzen ihre Glieder nicht gebrauchen konnten. Bei richtiger Anwendung der Autosuggestion können Schmerzen sofort verschwinden. Das konnte Coué an diesen Fällen beweisen. Manche Menschen lassen sich von einer Sache wie dem Schmerz so richtig in den Klauen halten. Dabei ist gerade der Schmerz nicht etwas Unabänderliches, sondern etwas, das durchaus lächerlich gemacht und abgeschüttelt werden kann. Durch richtige Anwendung der Suggestion kann dieses Schreckgespenst in nichts zerfliessen. Ich werde darüber in einem späteren Kapitel ausführlich berichten. Kindern, die in der Schule nicht vorwärts kamen, sagte Coué, «dass sie leicht lernen und ein gutes Gedächtnis haben und gut verstehen werden». Voraussetzung dafür aber ist die richtige Anwendung der Suggestion. Coué versprach Heilung bei «jeder Art Angst, Furcht, Lampenfieber». Sein Versprechen kleidete er meist in die Worte: «Ihre Beschwerden sind zu heilen, sie müssen heilen, wenn sie die Autosuggestion richtig ausführen.» In Fällen von Nervenleiden, Hemmungen, besonders nach Schlaganfällen, war er reserviert. Er meinte, «dass er wohl annähme, dass der Gebrauch der Arme oder Beine oder das normale Sprechen wieder käme.» Auch Schwerkranken machte er Hoffnung. Bei richtiger Anwendung der Autosuggestion kann eine Besserung im Bereich des Möglichen eintreten. Voraussetzung ist die ausdauernde, systematische, richtige Anwendung der Autosuggestion.

**Ich habe nie jemanden geheilt, ich kann niemanden heilen,
jeder heilt sich selbst**

Coué, der bescheidene Mann mit den klugen Augen und der grossen Ruhe, die aus der inneren, vollkommenen Selbstsicherheit kommt, wehrte sich energisch dagegen, als Wundertäter angesehen zu werden. Er wollte «das Vorurteil nicht aufkommen lassen, dass er durch seine Person, durch ein Fluidum oder etwas Ähnliches die in Nancy erfolgenden Heilungen hervorbringe».

Das ist ausserordentlich wichtig. Würden Heilungen durch die Person, das Fluidum oder etwas Ähnliches hervorgebracht, dann müsste ich dieses Buch überhaupt nicht schreiben. Dann wäre die Anwendung der Autosuggestion etwas ganz und gar Nutzloses. «Nicht durch mich, sondern durch meine Methode werden die Heilungen hervorgebracht, was zwei sehr verschiedene Dinge sind», präzisierte Coué immer wieder. «Wenn die Leute glauben, dass ich ein Wundertäter bin, so täuschen sie sich. Ich habe nie jemanden geheilt, ich zeige den Leuten nur, wie sie sich heilen können.»

Dennoch wurden von Coué Wunder verlangt! «Ich bin krank, heilen Sie mich», schrieb jemand in einem Brief an Coué. Ein anderer Briefschreiber wollte mit Coué in der Lotterie gewinnen. Er fragte: «Können Sie nicht machen, dass meine Nummer herauskommt?»

Sie lasen das Buch, übten und wurden gesund!

Aus Australien schrieb eine Frau Coué, dass sie viele Jahre an Krampfadern gelitten habe. Der Arzt habe ihr die Operation angeraten. Den Mut dazu habe sie aber nicht gehabt, sondern die Sache lieber ertragen. Dann habe sie über Autosuggestion gelesen und diese genau nach Buchanleitung durchgeführt. Seit sechs Monaten gehe es ihr nun wieder so gut, dass sie jeden Tag ihre zwei Partien Golf spielen könne.

Ein Prinz aus dem indischen Haiderabad, dem die Ärzte nicht helfen konnten, schrieb Coué, dass er durch ausdauernde Anwendung der Autosuggestion gesund geworden sei. Der Prinz war nicht bei Coué in Nancy; er hatte die Buchanleitung genauestens befolgt. Coué erhielt viele Dankesschreiben von Leuten, die er selbst nie gesehen hatte. Neurastheniker, die vor Schwäche und Abmagerung das Bett nicht mehr verlassen konnten und schon als Todeskandidaten betrachtet wurden, lasen die Anleitungen über bewusste Anwendung der Autosuggestion, übten fleissig und richtig und wurden gesund.

Auch diesem Buch haben schon viele Menschen formelhafte Vorsätze entnommen, richtig angewandt und damit wunderbare Erfolge erzielt. Eine Frau sagte mir am Telefon: «Ihr Buch hat mir das Leben gerettet, wenn ich es nur schon früher gehabt hätte!» Ich habe die Frau noch nie gesehen.

Wer die Versuche durchgemacht und ihr Wesen begriffen hat, ist reif für Suggestionen zu Heilzwecken

Mit dem weltbekannten Handfalteversuch, den ich Ihnen im vorausgegangenen Kapitel ausführlich beschrieben habe, machte Coué seine Schüler, wie er seine Kunden oft nannte, reif für Suggestionen zu Heilzwecken. Wer die Versuche durchgemacht und ihr Wesen begriffen hat, ist mit Coués Worten gesagt «wie ein bearbeitetes Feld, auf dem der Same spriessen und sich entfalten kann. Vorher war er wie ein unbebauter Boden, wo der Same vertrocknet wäre.» Nach einem gelungenen Versuch ist man niemals mehr der gleiche Mensch! Der weltbekannte Handfalteversuch ist nur eine der vielen Möglichkeiten, das Wesen und die Wirkungsweise der Autosuggestion selbst zu erleben. In allen Versuchen verwirklicht sich immer das, was Sie denken und sich vorstellen. Halten Sie zum Beispiel eine Yale-Schlüssel. Pressen Sie diesen recht fest zwischen Daumen und Zeigfinger. Dann denken Sie: «Ich will den Schlüssel fallen lassen, aber ich kann nicht!» Wenn Sie genau das denken, dann fängt die Hand unter der Anstrengung an zu zittern, immer mehr und mehr. Die Finger kleben förmlich um den Schlüssel! – Dann denken Sie: «Ich kann den Schlüssel fallen lassen.» Das können Sie sich gut vorstellen, und die Finger lösen sich wieder ganz von selbst. – Sehen Sie: so einfach ist Autosuggestion, kinderleicht! Im Grunde die natürlichste und einfachste Sache der Welt.

Und wenn die Versuche nicht gelingen?

Es kann vorkommen, dass die Versuche nicht auf Anhieb gelingen. Das passierte auch vor den Augen von Coué. Für Leute, denen die Autosuggestion noch nicht den erhofften Erfolg gebracht hatte, hatte er folgende vergleichende Erklärung bereit: «Waren Sie nie auf Jagd? Nein? Das macht nichts, ich war auch noch nie. Aber wenn Sie Rebhühner schiessen wollten, und man gäbe Ihnen das beste Gewehr in die Hand, und Sie würden, sobald die Rebhühner steigen, zweimal auf den Hahn drücken, und zwei Schüsse würden losgehen, und alle Rebhühner, die aufgestiegen sind, würden fortfliegen, so läge das doch nicht am Gewehr. Geben Sie das gleiche Gewehr einem geübten Jäger in die Hand, die Rebhühner steigen, er drückt zweimal, zwei Schüsse gehen los, und zwei Rebhühner fallen. Es lag also nicht am Instrument, sondern an dessen Benützung. So ist es mit der Autosuggestion. Sie müssen sie richtig anwenden. Machen Sie keine Willensanstrengungen mehr, sagen Sie Ihr Sätzlein so stupid als möglich.»

Bei Misserfolgen sprach Coué in Bildern, zum Beispiel in diesen: «Haben Sie nach der Scheibe geschossen, Madame? Wenn Sie gut gezielt haben, so muss die Kugel ins Schwarze getroffen haben. Wenn Ihre Kugel nicht ins Schwarze getroffen hat, haben Sie nicht gut gezielt, und wenn Sie mir darauf noch so oft sagen würden: ‹Ich habe gut gezielt›, so würde ich Ihnen immer wieder antworten: ‹Nein, denn sonst wäre die Kugel im Schwarzen.› Genauso ist es mit der Autosuggestion. Wenn Sie sie richtig machen, so stellt sich der Erfolg mit vollkommener Sicherheit ein.»

Wenn ein besonders «Gescheiter», meist ein Beobachter der Szene, äusserte: «Aber ich kann die Sache nicht so recht glauben», entgegnete ihm Coué gerne: «Wenn ich Ihnen einen scharfgeladenen Revolver in die Hand gebe und Ihnen sage: ‹Drücken Sie nicht auf den Hahn, das ist ein gefährliches Instrument›, und Sie sagen mir: ‹Das glaube ich nicht› und drücken, so gehen die Schüsse doch los. Genauso ist es mit der Autosuggestion. Sie benützen sie immer, auch ohne daran zu glauben. Um die Autosuggestion bewusst auszuüben, muss man nicht zuerst daran glauben, sondern sie richtig ausführen ... Wenn Sie das tun, so werden Sie sehr bald die Wirkung sehen und überzeugt werden. Selbstverständlich wird mit der Überzeugung auch die Ausführung besser.»

Die suggestive Ansprache

Wer das Wesen der Versuche begriffen und diese erfolgreich gemacht hat, «ist reif für Suggestionen zu Heilzwecken», pflegte Coué zu sagen. Im bearbeiteten Feld sollte jetzt der Same spriessen und sich entfalten. Suggestionen sollten in Autosuggestionen verwandelt werden. Nachdem die Versuche gemacht waren, nahm Coué in seinem Sessel Platz und sagte mit grosser Bestimmtheit: «Schliessen Sie die Augen!» Sie, lieber Leser dieses Buches, schliessen jetzt die Augen natürlich nicht. Achten Sie aber besonders darauf, dass Sie Coués Worte ruhig, «dynamisch» lesen, so, wie es am Anfang dieses Buches zu lesen war.

«Sagen Sie sich jetzt, dass alle Worte, die ich aussprechen werde, sich in Ihr Gehirn einprägen, sich in ihm eingraben, felsenfest darin haften, ihm Ihr Leben lang eingeprägt und eingegraben bleiben werden und dass *Sie* und Ihr ganzer Organismus ihnen gehorchen, ohne dass Sie es wollen, ohne dass Sie es wissen, auf eine Ihnen ganz unbewusste Art und Weise.

Zuerst sage ich Ihnen, dass die Hauptarbeit Ihres Körpers, die die Grundlage für das gute Arbeiten aller Organe und für den ganzen Körperhaushalt ist, nämlich die Aufnahme, Verdauung und Ausnützung der Nahrung, reibungslos und glatt vonstatten gehen wird. Sie werden dreimal täglich, morgens, mittags und abends, zu den Essenszeiten Hunger haben. Ich meine nicht etwa Heisshunger, so, dass Sie sich auf die Speisen stürzen, sondern jenes angenehme Gefühl, aus dem heraus man denkt oder sagt: O, wie freue ich mich aufs Essen! Und Sie werden auch wirklich gerne, sehr gerne essen, ohne jedoch zu viel zu essen. Sie werden die Speisen gut, sorgfältig und lange genug kauen und langsam essen. Die meisten Menschen verstehen nicht zu essen, sie verschlingen ihre Nahrung. Das ist nicht das Richtige. Sie werden sich also Zeit lassen und gründlich kauen, bis die Bissen in einen ganz weichen Brei verwandelt werden, der leicht verschluckt werden kann. Unter solchen Voraussetzungen werden Sie auch gut verdauen und keinerlei Unbehagen, Vollsein, keinen Schmerz irgendwelcher Art fühlen, weder im Magen noch im Darm.

Die Ausnützung der Nahrung geht gut vor sich, und sie wird Ihrem ganzen Körper zugute kommen, der sie in Blut, Muskeln, Kraft, Energie, mit einem Worte: sie in Leben umsetzen wird. Ihr Blut wird von Tag zu Tag besser und reicher an roten Blutkörperchen, Sie werden immer stärker, leistungs- und widerstandsfähiger.

Da Sie gut verdaut haben, geht auch die Entleerung auf normale Weise vor sich, und jeden Morgen, entweder sofort nach dem Aufstehen oder zwanzig Minuten nach dem Morgenessen (Sie können da wählen) werden Sie Stuhldrang verspüren, und ohne jemals etwas einnehmen oder zu einem künstlichen Hilfsmittel greifen zu müssen, werden Sie dann einen normalen Stuhlgang haben.

Ferner werden Sie jeden Abend, sobald Sie einzuschlafen wünschen, einschlafen und tief, ruhig und still und ohne irgendwelchen unangenehmen Traum schlafen, bis um *die* Zeit, da Sie am Morgen zu erwachen wünschen. Beim Aufwachen werden Sie sich sehr wohl fühlen, ganz heiter und gut aufgelegt sein.

Wenn es anderseits bisher hie und da vorgekommen ist, dass Sie traurig oder verdüstert waren, dass Sie sich gegrämt haben oder schwarzen Gedanken nachgingen, so wird das von jetzt ab nicht mehr der Fall sein. Statt traurig, verdüstert zu sein, statt sich zu grämen, Trübsinn nachzuhangen und über schwarzen Gedanken zu brüten, werden Sie heiter sein, sehr heiter, möglicherweise ohne jeden Grund, aber trotzdem heiter, ganz wie Sie früher ohne Grund traurig waren. Ja, noch mehr! Sogar wenn Sie wirklichen Grund zu Betrübnis und Gram haben, werden Sie sich weder betrüben noch grämen.

Wenn es manchmal bei Ihnen vorkommt, dass Sie Anwandlungen von Ungeduld und Jähzorn bekommen, so werden diese Anwandlungen von nun an ausbleiben. Sie werden vielmehr stets geduldig sein und immer Selbstbeherrschung üben. Und die Dinge, die Ihnen bisher verdriesslich waren, Sie geärgert und aufgeregt haben, werden Sie von jetzt ab gleichgültig, werden Sie ruhig, völlig ruhig und kalt lassen.

Wenn Sie manchmal von für Sie schlimmen und ungesunden Vorstellungen bedrängt, wie verfolgt und völlig ergriffen werden, von Angstzuständen oder plötzlichem Erschrecken, Ekel, unbegründeten Abneigungen, Versuchungen oder verbittertem Nachtragen, so wird das alles nach und nach dem Blickfeld Ihrer Einbildungskraft entschwinden, und wie in einer Wolke hinzuschwinden und sich aufzulösen scheinen am fernen Horizont, wo es sich vollständig verlieren muss. Diese krankhaften Gedanken und Empfindungen werden in Ihnen immer weniger Boden finden, sich immer weniger an Sie heften, sie werden immer leichter abzuschütteln sein, sie werden immer schwächer auftreten, sie werden immer seltener kommen, bis sie sich spurlos verlieren und nicht mehr wiederkommen.

Ich füge hinzu, dass alle Ihre Organe gut arbeiten: Das Herz schlägt normal und treibt das Blut in alle Körperteile, die Lunge arbeitet gut, ebenso alle Atmungsschleimhäute, die Eingeweide, Magen, Darm, die Leber, die Gallenblase, die Niere, die Blase tun ihre normale Arbeit. Wenn eines dieser Organe gegenwärtig nicht ganz tadellos arbeitet, so verschwindet diese Störung mit jedem Tage mehr, bis sie in naher Zeit ganz verschwunden sein wird und das Organ wieder in richtiger Weise arbeitet.

Und ferner sage ich: Wenn eines Ihrer Organe irgendwie verletzt ist, so heilen diese Verletzungen mit jedem Tage mehr aus, bis sie in gar nicht langer

Zeit vollständig geheilt sind. Und dort, wo eine Heilung nicht ganz möglich ist, heilen die Organe soweit aus, als es im Bereiche des Möglichen liegt.

Bei den weiblichen Anwesenden tritt die monatliche Regel regelmässig ein, jeden achtundzwanzigsten Tag, und nicht jeden dreissigsten, weder später noch vorher, sie dauert im ganzen vier Tage, und sie ist weder zu stark noch zu schwach, sie schwächt den Körper in keiner Weise und macht nicht die geringsten Beschwerden, weder Unbehagen noch Schmerzen und besonders fehlt auch jene nervöse Gereiztheit, von der manche Frauen meinen, sie sei mit der Periode verbunden.

Ich füge noch etwas bei, und das ist ausserordentlich wichtig: Wenn Sie bisher sich selbst gegenüber ein gewisses Misstrauen empfunden haben, so sage ich Ihnen, dass dieses Misstrauen nach und nach verschwinden wird, um seinem Gegenteil Platz zu machen, dem Vertrauen zu sich selbst, das sich auf jene uns allen innewohnende Kraft gründet, deren Grenzen man heute noch gar nicht kennt. Dieses Selbstvertrauen ist eine Lebensbedingung für jedes menschliche Wesen. Ohne Selbstvertrauen erreicht man gar nichts, mit Selbstvertrauen alles. Sie fassen also Selbstvertrauen, Sie fassen Selbstvertrauen, ich wiederhole es: Sie fassen Selbstvertrauen, und dieses Vertrauen gibt Ihnen die unerschütterliche Gewissheit, dass Sie alles, was Sie zu tun wünschen, sofern es sich um Vernunftgemässes handelt, nicht nur gut, sondern sogar sehr gut ausführen können, ebenso alles, was in den Bereich Ihrer Pflichten gehört.

Wenn Sie also etwas Vernunftgemässes zu tun wünschen, oder etwas, das zu Ihren Pflichten gehört, so denken Sie stets, dass die Sache von dem Augenblick an, nachdem feststeht, dass sie möglich, d. h. vernünftig ist, auch leicht ist. Streichen Sie aus Ihrem Wortschatz die Worte: Das ist schwer – Das ist unmöglich – Ich kann nicht – Das übermannt mich – Ich kann nicht anders – Das ist stärker als ich. Sie gehören nicht zu Ihnen. Was zu Ihnen gehört, ist: Es ist leicht, und ich kann es. Indem Sie Ihr Vorhaben für leicht halten, wird es Ihnen wirklich leicht, während es anderen vielleicht schwierig oder gar unmöglich erscheint. Und Sie werden, was Sie zu tun haben, schnell und gut tun, und Sie werden dabei nicht müde werden, weil Sie es ohne Anstrengung getan haben werden. Hätten Sie Ihr Vorhaben jedoch für schwer gehalten oder gar für unmöglich, so wäre es für Sie schwer oder unmöglich geworden, aber nur, weil Sie es für schwer oder unmöglich gehalten haben.

Für diejenigen Personen, die an Geschwülsten leiden, so an Vergrösserungen der Schilddrüse oder an Fibromen und anderen Verdickungen der normalen Gewebe, füge ich bei, dass diese abnormalen Schwellungen nach und nach ausheilen werden. Die zu Ihnen führenden Blutgefässe verengen sich nach und nach immer mehr, die übermässige Ernährung in jenen Teilen wird eingeschränkt, die parasitären und auf Kosten der normalen Teile gewachsenen Gewebe trocknen auf diese Art ein und werden vom Körper selbst verdaut.

Für diejenigen Personen, die Mühe mit dem Sprechen haben, füge ich hinzu, dass sie mit jedem Tage besser sprechen werden und dass die Verletzungen, welche Ursache des mangelhaften Sprechens gewesen sind, mit jedem Tage mehr ausheilen und so weit heilen, als es im Bereiche des Möglichen liegt.

Für diejenigen Personen, die ein Zittern, eine Steifheit und eine Hemmung in den Gliedern haben, sage ich, dass die Verletzungen, die solches hervorgebracht haben, nach und nach soweit ausheilen werden, als es möglich ist, und dass die jetzigen Störungen nach und nach dementsprechend verschwinden werden.

Für diejenigen unter Ihnen, die an Verfolgungsideen, an Angstzuständen und Mangel an Selbstvertrauen leiden, sage ich noch besonders: Sie fassen Selbstvertrauen, Sie fassen Selbstvertrauen, und die anormalen Zustände und Ideen kommen mit jedem Tage seltener, jedes Mal schwächer, bis sie in nicht langer Zeit ganz verschwinden.

Für diejenigen, welche Hautkrankheiten haben, bemerke ich folgendes: Diese Krankheiten kommen daher, dass sich in den Organen zu viele Giftstoffe bilden, deren sich der Körper entledigen muss. Diese Organe werden von jetzt ab mit jedem Tage besser arbeiten, so dass sich keine überschüssigen Giftstoffe mehr bilden können, und die kranke Haut wird nach und nach durch die wachsende, immer gesünder sich bildende ersetzt werden. Diese Krankheiten heilen also in absehbarer Zeit vollkommen aus.

Diejenigen, die an Gallensteinen und anderen Steinkrankheiten leiden, werden erfahren, dass ihre Steine sich nach und nach auflösen. Die Galle wird weniger sauer und nach und nach alkalisch werden, so dass sie die Steine nach und nach auflöst.

Mit einem Worte, ich will, dass Sie in jeder Hinsicht, sowohl körperlich als auch seelisch, sich einer ausgezeichneten Gesundheit erfreuen, einer besseren Gesundheit, als sie Ihnen bis jetzt gewährt war.

Jetzt werde ich bis drei zählen, und sobald ich drei sage, werden Sie die Augen aufschlagen und aus Ihrem jetzigen Zustand auftauchen, und zwar ganz ruhig auftauchen. Dabei werden Sie völlig wach, gar nicht schlaftrunken, nicht im geringsten ermüdet sein, ganz im Gegenteil werden Sie sich stark, kräftig, gewandt, munter, voll Leben fühlen, ausserdem werden Sie heiter sein, sehr heiter und sich wohl fühlen in jeder Hinsicht, und ich setze voraus, dass das immer so sein wird.
Ich zähle jetzt bis drei: Eins, zwei, drei!»

Nachdem Sie diese Ansprache «dynamisch» gelesen haben, richten Sie sich auf. Sie sind sicher recht heiter. Sie haben sicher einen heiteren Ausdruck und sind nicht im geringsten müde. Machen Sie nach dem Lesen dieser Ansprache trotzdem eine kurze Lesepause.

6. Das Geheimnis Ihres Erfolges

Es kommt ganz darauf an, was *Sie* unter Erfolg verstehen! Finanzielle, berufliche oder sportliche Erfolge oder Gesundheit und Wohlbefinden. Finanzielle oder sportliche, berufliche Erfolge sind nicht in erster Linie wichtig. «Was nützt es den Menschen, wenn er die ganze Welt gewinnt, aber an seiner Seele Schaden leidet?», lautet ein bekannter Bibelspruch. Wir wissen auch, dass wir später weder das eine noch das andere mit uns nehmen können. Jugendliche, die noch keine beruflichen Erfolge, kein Geld haben, sind oft gerade deswegen so unglaublich glücklich. Das heisst nun nicht, Sie sollen sich von allem Erreichten abwenden, Ihre Ersparnisse aus dem Fenster werfen. Im Gegenteil! *Auf die innere Einstellung*, die man zu den Dingen hat, kommt es an. Auf die innere Einstellung kommt es auch bei der bewussten Anwendung der Autosuggestion an.

Und wenn ich von Erfolg spreche, meine ich jetzt die erfolgreiche Anwendung der bewussten Autosuggestion.

Vollkommene körperliche Entspannung ist der günstige Nährboden für Autosuggestion

Die vollkommene körperliche Entspannung ist das einfachste Ding der Welt. Sie ist kinderleicht. Darum konnten wir uns als Kinder vollkommen körperlich entspannen. Erwachsene haben mit der vollkommenen körperlichen Entspannung oft Mühe. Wer nun Mühe hat, sich körperlich vollkommen zu entspannen, hat oft zuviel über Entspannung gehört oder gelesen. Er vermutet daher in ihr besondere Schwierigkeiten. Diese Vermutung wirkt suggestiv, und darum müht er sich erfolglos mit ihr ab. Vollkommene körperliche Entspannung muss man nicht so lernen wie etwa die Wörter einer Fremdsprache oder technische Formeln. Vollkommene körperliche Entspannung ergibt sich von selbst! Sie lässt sich auf keinen Fall erzwingen. Wer Entspannung herbeiführen *will*, erreicht das Gegenteil von dem, was er will.

Wer *innerlich* loslässt, sich gehenlässt, *ist* entspannt! Sich *innerlich* gehenlassen heisst nicht, in der Arbeit, dem Tun, nachlässig, unordentlich werden. Es heisst im Gegenteil, sich bei allem Tun innerlich gelöst und frei zu fühlen. Als Kinder gelang uns dies sehr leicht.

Diese kindliche Leichtigkeit, Unbeschwertheit gilt es nun wiederzugewinnen. Das ist immer und überall möglich! Auf einem Spaziergang, im Wald, auf freiem Feld, sitzend auf einem Stuhl oder auf dem Moos vor einem Baumstamm, an den man sich ruhig anlehnen kann, auch wenn man ganz ruhig aufrecht steht oder gar ausgestreckt auf dem Fussboden liegt; allein, zurückgezogen in einem Raum, in dem man ungestört sein will, oder mitten unter Leuten; während einer Ruhepause oder inmitten einer beruflichen oder sportlichen Leistung, immer und überall ist Gelegenheit, *innerlich* loszulassen, um so Entspannung über sich kommen zu lassen.

Entspannung ist jetzt Übungssache!

Eine Massnahme, die diesen Vorgang der Entspannung unterstützt, ist das Betrachten eines hellen Gegenstandes oder der Blick in den Himmel. Wer so lange einen hellen Gegenstand betrachtet oder in den Himmel schaut, bis er ein leichtes Brennen der Augen verspürt, erlebt beim Schliessen der Augen, wie Entspannung ganz von selbst über ihn kommt.

Aber auch abends, wenn Sie im Bett liegen und einschlafen, erleben Sie den Zustand vollkommener körperlicher Entspannung. Genauso wie morgens, gerade nach dem Aufwachen!

Vollkommene körperliche Entspannung ist deshalb der günstige Nährboden für Autosuggestionen, weil in diesem Zustand *Willensanstrengung, Willensanspannung* unmöglich ist.

Wie soll man bewusste Autosuggestion betreiben?

Coué empfiehlt: «Jeden Morgen beim Erwachen und jeden Abend, sobald man im Bett liegt, schliesse man die Augen und spreche (ohne dass man sich bemüht, seine Aufmerksamkeit bei dem festzuhalten, was man sagt), indem man dabei die Lippen bewegt, laut genug, um seine eigenen Worte hören zu können (das ist unerlässlich), und indem man an einer mit zwanzig Knoten versehenen Kordel abzählt, den folgenden Satz:

«Es geht mir mit jedem Tag in jeder Hinsicht immer besser und besser.»

Dieser Satz «Es geht mir mit jedem Tag in jeder Hinsicht immer besser und besser» kann als Grundlagensuggestion betrachtet werden. Er verteilt die seelische Energie, setzt sie nicht gezielt ein. Sondersuggestionen, sogenannte formelhafte Vorsatzbildungen, lenken die seelischen Kräfte gesammelt und gezielt auf die Beseitigung eines Übels, einer Krankheit, auf Erfolg und Leistungssteigerung. Sondersuggestionen sind überall dort notwendig, wo es nicht um ganz Allgemeines, sondern um Besonderes geht. Sie finden darum im nächsten Teil des Buches Fallbeispiele mit erprobten, bewährten, oft altbekannten Sondersuggestionen.

Ob Allgemeinsuggestion oder Sondersuggestion: Bewusste Autosuggestion soll immer auf dieselbe Weise betrieben werden. «Man führe», sagt Coué, «die Suggestion auf eine möglichst schlichte, kindliche, mechanische Art und Weise aus, infolgedessen *ohne jede Anstrengung*. Mit einem Wort, die Formel soll wie eine Litanei hergesagt werden.» Es spielt keine Rolle, was einem dabei sonst noch so durch den Kopf geht. Wichtig ist allein, dass man nicht aufhört, den Satz, die Formel, möglichst schlicht, kindlich, mechanisch und ohne jede Anstrengung, eben wie eine Litanei, herzusagen. Auf diese Weise gelangt die

Formel, das «Sprüchlein», ins Unbewusste. Und wenn es einmal dort eingedrungen ist, so wirkt es auch. Sie merken leicht, ob das «Sprüchlein» gut ins Unbewusste eindringt. Sie fühlen sich nämlich wohler und wohler, mit jedem Wort besser und besser, wenn es eindringt. Dringt es aber nicht ein, kann es nicht ins Unbewusste eindringen, dann werden Sie mit jedem Wort gespannter, nervöser. Ich kann nicht genug betonen, dass die Autosuggestion *ohne jede Anstrengung* betrieben werden soll. Ohne jede Anstrengung gelangt die Formel, das «Sätzlein», ins Unbewusste. So wie ein Blatt, das in einen Bach fällt, soll die Suggestion ins Unbewusste fallen. Der Bach verschwindet im Boden und trägt das Blatt mit. Das Unbewusste trägt die Formel fort. Der Wasserfluss tritt an anderer Stelle wieder aus der Erde und mit ihm das Blatt, weil es der unterirdische Fluss treulich dahingetragen hat. So ergeht es Ihrem Satz. Das Unbewusste bringt ihn dorthin, wo er suggestive Wirkung haben soll.

Der Satz «Es geht mir jeden Tag in jeder Hinsicht immer besser und besser» bezieht sich auf alles; Sondersuggestionen aber auf ganz Bestimmtes! Wenn Sie sich bei vollkommener körperlicher Entspannung, ohne sich irgendwie anzustrengen, vorsagen: «Morgen früh erwache ich pünktlich um 6 Uhr», so wird dieses Sätzlein von Ihrem Unbewussten fortgetragen. Wohin? – Genau dorthin, wo es am nächsten Morgen wirken soll, und Sie erwachen mit dieser Sondersuggestion pünktlich um 6 Uhr. Warum so pünktlich? Weil das Unbewusste ein perfektes Zeitgefühl hat.

Und warum soll man mit einer Sondersuggestion und nicht mit dem Wecker erwachen? Weil Sie eine Sondersuggestion am Morgen nicht nur hellwach, frisch und munter, sondern auch heiter, sehr heiter macht. Alle Suggestionen, die Allgemeinsuggestion «Es geht mir mit jedem Tag in jeder Hinsicht besser und besser» sowie jede Sondersuggestion führen eine *positive Grundstimmung* herbei.

Ein paar Minuten täglich genügen

Zwei bis drei Mal täglich putzt der Mensch seine Zähne, sein Leben lang. Seine Haare kämmt der Mensch täglich, oft mehrmals täglich, sein Leben lang. Niemand stört sich daran. Das ist doch selbstverständlich. Die Menschen rümpfen aber manchmal die Nase, wenn man ihnen sagt, sie sollten ihrem Unbewussten täglich, *ohne jeden Zwang,* ein paar Minuten lang positive Gedanken, die suggestiv wirken sollen, eingeben. Und dies ein Leben lang!

44

Eine positive Grundstimmung soll genauso gepflegt werden, wie man Zähne und Haare pflegt. Die Zähne sollen auch dann geputzt werden, wenn sie keine Löcher haben. Genauso ist es mit der bewussten Anwendung der Autosuggestion. Man soll sie immer ausführen, auch wenn es einem gutgeht, besonders dann. Wenn es einem gutgeht, redet man sich sehr leicht positiv zu. So wirkt die Autosuggestion vorbeugend. Es ist ein grosser Fehler, wenn man nach einiger Zeit aufhört, ein Sprüchlein zu sagen, das doch nur einige Minuten täglich kostet, und damit seine positive Grundstimmung zu pflegen.

Wann geht es endlich gut?

«Es geht mir mit jedem Tag in jeder Hinsicht immer besser und besser.» Muss man dieses Sprüchlein denn ein Leben lang sagen? Irgendwann muss es einem doch gutgehen. Irgendeinmal hat man doch das Ziel erreicht! Kann man dann noch sagen: «besser und besser»? – Ja! Denn wenn es einem gutgeht, kann es noch besser werden. Das Leben ist ja kein Zustand, sondern ununterbrochene Bewegung. So wie ein Boot vom Wasser bewegt wird, bewegt uns das Leben. Einmal mehr, einmal weniger, einmal heftiger, einmal nur ganz leicht. Diese Bewegungen des Lebens sollen wir annehmen, lieben, immer mehr und mehr. Mit dem allgemeinen Sprüchlein «Es geht mir mit jedem Tag in jeder Hinsicht immer besser und besser» lässt man sich von den Wellen des Lebens, den Kräften des Unbewussten immer besser und besser tragen, in den Zustand innerer Harmonie und Ausgeglichenheit wiegen, der höchstes Wohlbehagen, Sicherheit, Gesundheit und Lebensfreude vermittelt.

Suggestionen wirken posthypnotisch

Ein tibetischer Eremit prophezeite einem Wissenschaftler, dass er in genau einem Jahr sterben werde. Noch elf Monate war der Wissenschaftler kerngesund. Dann erkrankte er plötzlich. So schwer, dass er in ein Krankenhaus eingeliefert werden musste. Die Ärzte standen vor einem Rätsel. Sie konnten bloss feststellen, dass es mit diesem Patienten langsam, aber sicher zu Ende ging. Da erfuhr der Oberarzt von der Prophezeihung des Eremiten. Noch zwei Tage ging es bis zum suggerierten «Todestag». Da versetzte der behandelnde Arzt den Patienten in einen viertägigen hypnotischen Schlaf. Aus diesem erwachte der Wissenschaftler, als das Jahr vorüber war, und wurde rasch gesund.

Wenn ich einer Person in Hypnose sage, sie solle sofort nach ihrem Aufwachen eine bestimmte Vase verrücken, so tut sie dies und wundert sich, dass sie dies tut.

Wenn Sie sich abends vor dem Einschlafen eingeben, dass sie pünktlich um 6 Uhr morgens erwachen, und Sie erwachen auch pünktlich um 6 Uhr, ohne Wekker, ohne Telefon, so hat Ihre Suggestion posthypnotisch nachgewirkt. Ihr Gedanke, um 6 Uhr zu erwachen, wurde in diesem Fall von Ihrem Unbewussten aufgenommen, um nach tiefem, ruhigem Schlaf pünktlich wirksam zu werden, d. h. den Weckprozess auszulösen!

Sie sind heiter, sehr heiter und fühlen sich in jeder Hinsicht wohl

Es ist selbstverständlich, dass es auch Ihnen so geht, wie Sie es sich autosuggerieren. Wer nicht heiter, sehr heiter ist und sich wohl fühlt in jeder Hinsicht, muss sich selbst beim Ohr nehmen. Jeder ist selber schuld daran, wenn es ihm nicht gut-, sondern schlechtgeht.

Wenn Sie bewusste Autosuggestion betreiben, richtig machen, fühlen Sie sich im Alltag völlig wach, nicht etwa schlaftrunken. Sie sind nicht im geringsten ermüdet. Ganz im Gegenteil: Sie fühlen sich stark, kräftig, gewandt, munter, voll Leben. Und Sie sind heiter, sehr heiter und fühlen sich in jeder Hinsicht wohl. Das ist *Ihr* Erfolg! Und das Geheimnis Ihres Erfolges ist die bewusste Anwendung positiver Autosuggestionen.

«Der Weg zur Hölle ist mit guten Vorsätzen gepflastert»,

sagt der Volksmund. Und das stimmt auch. Wir sehen die Hölle unten, das Unbewusste auch. Und im Unbewussten ist wahrhaftig manchmal der Teufel los, bei Schmerz, Angst, üblen Gewohnheiten, Zwängen, Störungen im Liebesleben usw. Daher braucht es in der Tat *gute* Vorsätze, Vorsatzbildungen, mit denen man sicher in die Tiefe des Unbewussten gelangt, Sondersuggestionen, die auch wirklich Ordnung herstellen, die Abläufe im Gehirn stabilisieren und harmonisieren können, so dass Ruhe und körperliches Wohlbefinden einkehren. Sie finden darum jetzt im zweiten Teil dieses Buches *gute,* erprobte Vorsätze, auch Sondersuggestionen genannt, und deren Erfolg mit entsprechenden Fallbeispielen belegt.

Zweiter Teil:
Fallbeispiele mit Sondersuggestionen

1. Wie man die Schmerzmaschine abstellt

Schmerz ist der bellende Wachhund der Gesundheit

Hunde bellen leicht, und sie bellen auch dann, wenn ihrem Meister keine echte
Gefahr droht. Auch wenn ein guter Nachbar an der Haustüre klingelt und um
Einlass bittet, gibt der Hund an. Wie soll er wissen, ob ein Dieb oder ein echter
Freund auf Besuch kommt? Genauso ist es beim Schmerz. Wenn bei einem Menschen Schmerzen auftreten, so ist dies für diesen Menschen immer ein Signal,
um das er sich kümmern muss. Der Arzt kann entscheiden, ob es nur ein Signal
oder aber ein Warnsignal ist. Bei einer akuten Blinddarmentzündung ist der heftige Bauchschmerz immer ein Warnsignal.

Meist aber ist der Schmerz ein lästiges Übel. Eine 35jährige Putzfrau bekam
heftige Kopfschmerzen, und es taten ihr Arme und Beine weh, besonders wenn
das Wetter umschlug. Sie wurde mehrmals und gründlich von ihrem Hausarzt
untersucht. Er verordnete ihr Schmerztabletten, die sie aber nicht mehr schluk-
ken wollte, weil sie ihr angeblich nicht halfen. Sie war überzeugt, dass ihre Kopfschmerzen mit dem Wetter zusammenhingen, und von den Schmerzen in ihren
Muskeln sagte sie, es sei Rheumatismus. Muss man mit solchen Schmerzen leben? – Keineswegs! Denn Schmerz ist eine Funktion unserer bewussten Wahrnehmung.

Es gibt keinen unbewussten Schmerz!

Gäbe es unbewusste Schmerzen, so würde der Mensch bei einer Operation in
Vollnarkose jeden Stich schmerzlich empfinden. Das tut er aber nicht. In Narko-
se merken wir nichts von den Eingriffen, die ein Ärzteteam durchführt. Die bewusste Wahrnehmung ist ausgeschaltet. Einen unbewussten Schmerz gibt es
nicht.

Was wir Menschen den Tieren voraushaben, hindert uns im allgemeinen daran, ganz natürlich und rein körperlich zu empfinden.

Schmerzen bereiten wir uns selbst: durch das, was wir in die Vorgänge, die als schmerzlich gelten, hineinlegen. Es gibt schmerzempfindliche Menschen und solche, die «hart im Nehmen sind».

«Wan-zoro» heisst der Operateur bei den Manjas in der Zentralafrikanischen Republik. Dieser nimmt, vor den Novizen kniend, deren Vorhaut in die Hand, zieht daran und trennt sie mit einem einzigen, sauber geführten Schnitt mit einem Messer ab. Der Schrei, der sich in der Kehle des Jugendlichen löst, ist kein Schmerzensschrei, sondern ein Ausruf der Freude und des Stolzes, mit dem er seiner Mutter und den Bewohnern des nahen Dorfes mitteilt, dass er die Prüfung wie ein Mann bestanden hat. Mit gespreizten Beinen, das operierte Glied mit einem zwischen die Schenkel geklemmten Ästchen in der Horizontalen gehalten, wartet er mit nach oben gekehrten Handflächen geduldig auf die erste Pflege. Noch am selben Abend tanzen und singen die Jugendlichen, ohne Rücksicht auf die noch offenen Wunden zu nehmen.

Bei der traditionellen Stammestätowierung der Shillok wird die Stirnhaut mittels Angelhaken hochgezogen und eingeschnitten. Die «Operation» erfolgt mehrmals und hat den Zweck, die erotische Ausstrahlung zu steigern. Die Kinder des Banda-Stammes werden mit der Kralle eines Raubvogels gezeichnet. Die Verstümmelung des Gebisses, bei der einige der vorderen Zähne ausgebrochen werden, kennzeichnet den Übergang zum Erwachsenendasein der Angehörigen eines anderen Stammes. Die Jungen müssen ihre Unempfindlichkeit gegen Schmerzen unter Beweis stellen!

Was uns zivilisierte Menschen daran hindert, Schmerzen nur in geringem, in normalem Mass zu fühlen, das sind unsere höheren geistigen Fähigkeiten, die wir Menschen den Tieren voraushaben. Wir haben eine Vernunft, können urteilen, haben einen Willen. Gerade diese Fähigkeiten aber hindern uns im allgemeinen daran, ganz natürlich und rein körperlich zu empfinden. Nicht nur bei primitiven Völkern, auch bei Tieren können wir beobachten, dass sie gegen Verletzungen ganz gleichgültig sind. Sobald die erste Abwehr, die in einem Schrei, in einem Zurückziehen, Fliehen oder Versagen einer Bewegung besteht, vorbei ist, scheint sich das Tier ganz geduldig in sein Leiden zu fügen. Das hat die Natur so eingerichtet. Nach dem heutigen Stand unseres Wissens spürt ein Tier nur den körperlichen Teil des Schmerzes. Es empfindet keinen psychischen Schmerz. Und der körperliche Schmerz ist sehr gering oder überhaupt nicht mehr da, sobald der Schmerz seinen natürlichen Zweck erfüllt hat, das Tier zu warnen, d. h. Flucht oder Abwehr auszulösen und so seiner Selbsterhaltung zu dienen. Wäre dies nicht so, so müsste jedes verletzte Tier uns Menschen beschämen. Es müsste ja über einen geradezu unglaublichen Grad der Selbstbeherrschung verfügen. Das ist nicht der Fall. Ein Tier hat sicher keine moralischen Gefühle im menschlichen Sinne. Es kann niemals eine Verletzung mit der Vorstellung des Schmerzes verbinden. Es kann nicht von seelischen und körperlichen Schmerzen sprechen. Es kann nicht sagen, ob der Schmerz nagend, drückend, brennend, stechend, beissend oder ziehend ist. Es nimmt einen Spannungsschmerz auch nicht krampfartig wahr, und noch weniger hat tierischer Schmerz das Gepräge von affektbesetzter Angst. Das Tier hat keine Angst, es könnte noch schlimmer kommen!

Wir Menschen können eine Verletzung mit der Vorstellung des Schmerzes verbinden

Nicht mehr und nicht weniger als der Körper eines Tieres ist auch unser Körper ein Teil der Natur. Im Unterschied zum Tier aber machen wir uns Vorstellungen. Auch Schmerzvorstellungen. Eine Verletzung muss, meinen wir, einfach weh tun! Von den verschiedensten Verletzungen, die wir auf der Welt schon gesehen, von denen wir gehört oder die wir sogar am eigenen Leib erfahren haben, haben wir bewusst oder unbewusst Schmerzgedanken einprogrammiert. Diese beginnen sofort zu wirken, sobald eine Verletzung eintritt. Manchmal sogar lange bevor wir auch nur ein bisschen verletzt sind. – Typisches Beispiel:

Beim Zahnarzt

Herr Meier hat sich zur Routineuntersuchung bei seinem Zahnarzt angemeldet. Schon der Gedanke an den Termin bereitet ihm ein gewisses Unbehagen. Er liegt im Zahnarztstuhl. Er wartet gespannt. Gespannt schaut er auf den Bohrer, den sein Zahnarzt vorbereitet. Herr Meier spannt seine Muskeln noch mehr an. Er verkrampft sich. Jetzt befindet er sich im Zustand von sogenannter affektbesetzter Angst; Erwartungsangst! Jetzt muss dann bald der Schmerz kommen. Sein ganzer Körper ist wie eine Feder gespannt. Die Hände umklammern die Lehne des Zahnarztstuhls. Der Zahnarzt setzt zum Bohren an. Herr Meier zuckt zusammen. Noch hat ihn der Bohrer nicht berührt.

Die geringste Empfindung wird in diesem Zustand als Schmerz empfunden. Man denkt ganz automatisch: das schmerzt! Es muss weh tun, denn mit dem

Gedanken, dass es schmerzt, ist der Schmerz da. Und er wird bei der kleinsten Empfindung grösser und grösser. Wenn man den geringsten Schmerz verspürt, so wird diese Empfindung auch schon vom Gedanken an Schmerz genährt. Und gerade so, wie die Dynamomaschine, in der magnetische und elektrische Kraft sich gegenseitig abwechselnd anregen, das Licht am Fahrrad liefert, brennt der Schmerz durch den Gedanken, dass es schmerzt, immer mehr. – Ein anderes typisches Beispiel:

Wetterumschlag

Frau Müller hat ein altes Übel zu beklagen. Kopfschmerzen bei Wetterumschlag. Frau Müller ist ganz allgemein empfindlich, überempfindlich. Sie spürt das Wetter! Tage bevor das Wetter umschlägt, spürt sie es. Sie klagt über Kopfschmerzen. Schon der Gedanke an Wetterumschlag bringt ihre Schmerzmaschine auf volle Touren, gerade so, wie das einzige Wort «Feuer!» schlagartig ein ganzes Kino in Panik versetzen kann. – Muss das sein? – Nein!

Im Handumdrehen ist die Schmerzmaschine abgestellt

Man hat sich so an Schmerzen gewöhnt, dass man kaum es fassen kann, dass man die Schmerzmaschine wie jede andere Maschine an- und abstellen kann. Auch wer jahrelang seine Schmerzmaschine pflegte, sie bei jeder passenden Gelegenheit auf Hochtouren laufen liess, kann sie jetzt kurzerhand abstellen, nicht mehr in Gang kommen, sondern in seiner dunklen Dachkammer verstauben lassen. Der Gedanke der Entschlossenheit genügt. Die lästige Schmerzmaschine ist sofort abgestellt.

Kinder beweisen es!

Maya war 4jährig. Sie rannte, weil sie sich sehr freute. Sie rannte Hals über Kopf ihrer Mutter davon. Zu ihren Spielkameraden in den Sandkasten wollte sie. Doch sie stolperte und fiel. Sichtbar verletzt war Maya nicht. Hatte sie sich innerlich verletzt? Jedenfalls musste es schmerzen. Denn Maya schrie wie am Spiess. Sie machte ein schmerzverzerrtes Gesicht. Die umstehenden Erwachsenen versuchten Maya zu trösten. Maya schrie noch herzzerreissender. Mit schmerzverzerrtem Gesicht rannte sie in die Arme ihrer Mutter. Diese fragte Maya, wo es ihr überhaupt weh tue. Rasch und sicher zeigte Maya auf den linken Ellbogen und sie schrie dabei. Die Mutter nahm, ruhig und gelassen, den schmerzenden Kinderarm, hauchte ihn dreimal an und sagte: «So, der Schmerz ist weg. Jetzt tut es nicht mehr weh. Alles ist vorbei. Es ist nichts mehr!»

Tatsächlich. Die Schmerzmaschine war abgestellt. Maya wischte sich ihre Tränen aus den Augen. Und sie hüpfte ihren Spielkameraden so frohgemut entgegen, dass ihre Mutter ihr nachrufen musste: «Pass jetzt aber auf!» Vor wenigen Minuten noch hatte Maya sich vor Schmerz fast das Herz aus der Brust geschrien. In ein paar Sekunden nur war die Schmerzmaschine abgestellt. Maya war wieder schmerzfrei, lebensfroh und heiter wie die übrigen Kinder auch.

Ein alltägliches Beispiel! So stellen Mütter die Schmerzmaschine ihrer Kinder kurzerhand ab: Darauf blasen, und der Schmerz ist weg! Im Handumdrehen kann die Schmerzmaschine also abgestellt sein. Besonders bei Kindern. Nicht etwa, weil sie klein sind, sondern weil sie keinen Augenblick daran zweifeln, dass so etwas möglich ist. Besonders von der selbstsicheren Mutter nehmen sie die Suggestion «Der Schmerz ist weg ...» ohne jede Kritik an und wandeln diese Eingebung in eine Autosuggestion um, die sofort wirkt und die man etwa mit folgenden Worten der Erwachsenensprache ausdrücken könnte: «Wenn die Mutter sagt, der Schmerz ist weg, dann ist er weg!»

Monsieur Coué in Nancy
empfahl seinen Schülern dasselbe Vorgehen: «So oft Sie bei Tag und Nacht einen Schmerz verspüren oder ein Unbehagen, kurz etwas, das Sie nicht wünschen, so sagen Sie sich sofort und mit ruhiger Bestimmtheit:
Das werde ich zum Verschwinden bringen.
Bei einem körperlichen Schmerz fahren Sie dann mit der Hand über die schmerzende Stelle, wenn es sich um etwas Seelisches handelt, über die Stirn, und sagen, so schnell als möglich:
Es geht weg, weg, weg ...
Das machen Sie, solange es nötig ist. Sobald sie ein wenig Übung erlangt haben, verschwindet der seelische oder körperliche Schmerz *in einer halben Minute!*»
Der Erfolg muss kommen,
wenn Sie genau das machen, was Monsieur Coué seinen Schülern empfahl. Sie können es überall, zu Hause, im Bett, im Lehnstuhl, aber auch auf der Strasse ausführen. Gerade so, wie Mütter ihre Kinder überall anblasen.

Es ist natürlich möglich, dass sich der Schmerz wieder bemerkbar macht. Wenn er von einem Grundleiden kommt, macht er sich bestimmt wieder bemerkbar. Dann muss die Schmerzmaschine eben von neuem abgestellt werden. Dazu sollen Sie nun das Grundleiden mehrmals täglich gezielt, mit einer Sondersuggestion, beeinflussen oder es mit der allgemeinen Formel «Es geht mir mit jedem

Tag in jeder Hinsicht immer besser und besser» behandeln. So heilt das Grundleiden nach und nach, soweit Heilung im Bereich des Möglichen liegt. Wie gross dieser Bereich ist, können Sie nicht wissen. Ihr Unbewusstes weiss darüber Bescheid. Sie sollen jedes Übel, jedes Leiden darum frisch-fröhlich mehrmals täglich beeinflussen. Das richtige Sprüchlein finden Sie in diesem Buch, oder Sie verwenden die oben erwähnte allgemeine Suggestion. Wenn das Grundleiden nach und nach im Bereich des Möglichen ausheilt, muss auch der Schmerz immer seltener, immer schwächer und schwächer kommen. Und wenn dazu noch der Schmerzmaschine der Sprit mit der Sondersuggestion «Es geht weg, weg, weg ...» entzogen wird, so muss der Schmerz bald ganz verschwinden. Der Erfolg hängt immer von Ihnen ab! Wenn gute Ratschläge für Sie genauso selbstverständlich sind wie für Kinder und Sie die Sache so ausführen, wie sie ausgeführt werden muss, insbesondere ohne die geringste Willensanstrengung, dann haben Sie Erfolg. Die Suggestion ist ja eine angeborene Fähigkeit. Kleinkinder beweisen dies täglich. Alle suggerieren. Und an der Suggestionstechnik hat sich seit Menschengedenken nie etwas geändert. Wer noch Misserfolge hat, muss sich selbst beim Ohr nehmen. Der Hauptfehler, der immer wieder gemacht wird, ist die Willensanstrengung, der hitzige Eifer, der in die Sache gelegt wird.

Auf die Zähne beissen – nützt das nichts?

«Nimm dich doch endlich etwas zusammen und beiss auf die Zähne!» schimpfte ein 43jähriger Bankprokurist, als sich seine Frau auf einer achtstündigen Bergwanderung immer wieder über ihre schmerzende Blase an der Ferse des rechten Fusses beklagte. Tränenüberströmt befolgte sie den Befehl ihres Mannes. Sie biss auf die Zähne. Mit aller Kraft! So war sie für ein paar Augenblicke wenigstens vom schmerzenden Fuss abgelenkt. Dann aber verspürte sie den Schmerz um so heftiger.

Auf einer Bergwanderung kann man ja noch auf die Zähne beissen. Wie soll man aber beim Zahnarzt auf die Zähne beissen? Dort hilft nur die Spritze oder aber die richtige autosuggestive Schmerzabstellung. Autosuggestive Schmerzabstellung heisst immer Entspannung. In Spannung gehen, sich zusammennehmen, die Zähne zusammenbeissen wirken der suggestiven Schmerzabstellung entgegen. Dies alles verstärkt das Schmerzgefühl. Suggestive Schmerzabstellung heisst *Entspannung*. Beim Zahnarzt z. B. macht man es sich sehr bequem im Stuhl. Man macht keine inneren und auch keine äusseren Anstrengungen;

man krallt die Finger nicht in die Lehne des Stuhls. Ganz im Gegenteil: man lässt los, innerlich und äusserlich. Der Erfolg ist verblüffend! Auch für den Zahnarzt, der seine Patienten meist nur gespannt und verkrampft kennt. Einen völlig entspannten Patienten fragt der Zahnarzt nicht selten: «Geht es Ihnen wirklich gut? Fühlen Sie sich wohl?»

Wer vollkommen entspannt ist und nicht schläft, ist im Zustand einer leichten Hypnose

In diesem Zustand wird das Schmerzerlebnis, wenn überhaupt, sehr gedämpft wahrgenommen. Denn durch Entspannung entkleidet der Mensch den Schmerz seines Mantels von Affekt und Angst. Er erwartet keinen Schmerz, sondern er erwartet überhaupt nichts. Das ist totale Entspannung. Ein echter Schmerz wird in dieser Bewusstseinslage nicht mehr als Schmerz, sondern höchstens noch als ein dumpfes Wehtun wahrgenommen. Und was da noch ein bisschen weh tut, kann mit einer Sondersuggestion leicht beseitigt werden.

Altbekannte Sondersuggestionen, die sich bei Schmerzabstellung in der Praxis gut bewährt haben

Neben «Es geht weg, weg, weg…» haben sich auch nach den Erfahrungen der Ärzte Thomas und Leuner die folgenden «Sprüche» besonders bewährt bei:

Bauchschmerzen	*Der Bauch ist angenehm warm und schmerzfrei*
Hautstellen, die schmerzen	*Die Haut ist kühl und schmerzfrei*
Hautreaktionen, schmerzhaft-entzündlichen (z. B. im Oberschenkel)	*Der Oberschenkel ist ruhig, kühl und schmerzfrei.*

Bei allen *inneren Schmerzen* wird *Wärme*, bei allen *äusseren Schmerzen* und *Kopfschmerzen* wird *Kühle* eingegeben. Der Körper soll immer warm, der Kopf soll kühl sein. Der Volksmund weiss das. Er sagt: «Den Kopf halt kalt, die Füsse warm, das macht den besten Doktor arm.» Von einem «rechten» Menschen verlangen wir, dass er ein warmes Herz und einen kühlen Kopf hat. Also bei:

Kopfschmerzen	*Die Stirn bleibt angenehm kühl*
Krampfartigen Schmerzen in Gliedern (wie sie z. B. Pianisten und Stenotypistinnen in der Schulter erleben):	*Schulter und Arm sind locker und warm*
Krampfartigen Leibschmerzen	*Leib bleibt ruhig, warm und schmerzfrei*
Leibschmerzen im Zusammenhang mit der monatlichen Regel	*Die Regel läuft ruhig, ich bleibe schmerzfrei oder Die Periode geht leicht und schmerzfrei*
Magenschmerzen, wie sie durch Magenschleimhautentzündung hervorgerufen werden	*Der Magen ist ganz ruhig, warm und schmerzfrei*
Migräne	*Die Stirn bleibt angenehm kühl*
Phantomschmerzen (das sind Schmerzen, die ein Amputierter im abgenommenen Glied spürt). Wenn es sich z. B. um das Bein handelt	*Stumpf und Bein sind kühl und schmerzfrei*
Rheumatischen Schmerzen in Schulter und Ellbogen, im Rücken	*Schulter und Ellbogen sind warm und schmerzfrei Rücken ist warm und schmerzfrei*
Schreibkrampf	*Ich schreibe gelassen, ruhig und frei*
Geburtsschmerzen (zur Verringerung)	*Der Beckenboden ist locker und schwer*
Zahnschmerzen	*Der Zahn ist kühl und schmerzfrei oder Rechter Oberkiefer (linker Oberkiefer, rechter Unterkiefer, linker Unterkiefer) ganz kühl und schmerzfrei.*

Die Anwendung von Suggestion ist kein Ersatz für ärztliche oder zahnärztliche Behandlung, aber sie ist eine wertvolle Hilfskraft

Natürlich ersetzt die Sondersuggestion den Arzt oder den Zahnarzt nicht. Die oben erwähnten «Sprüchlein» beseitigen den mit einem Übel verbundenen lästigen Schmerz, nicht aber das Übel. Ein fauler Zahn muss behandelt oder gezogen werden. Ein gebrochenes Bein soll fachärztlich behandelt werden. Die Sondersuggestionen unterstützen die Behandlung und beschleunigen die Besserung und Heilung.

Geduld bringt auch Erfolg

Auch wer jahrelang durch negative Eingebungen eine dementsprechend negative Gewohnheitserfahrung hat und also dazu neigt, jedes noch so kleine Schmerzgefühl zu verstärken, weil er meint, Schmerzen empfinden zu müssen, ist imstande, sich umzugewöhnen. Ihr körperliches Alter spielt also keine Rolle. Sie müssen bloss Geduld mit sich selbst haben und das hervorholen, was sie als Kind hervorragend konnten: Suggerieren nämlich! Wenn Sie keine Gelegenheit vorbeiziehen lassen, die ein Schmerz benützen möchte, sich wieder zu zeigen, immer sofort die Gegensuggestion anwenden, dann gewöhnen Sie sich um. Vielleicht müssen Sie anfänglich die Sondersuggestion 100mal denken, dann nur noch 80mal, dann nur noch 50mal, dann nur noch 10mal. Schliesslich, wenn Sie geübt sind, genügt ein einziger Gedanke. Ein einziger Gedanke kann in Ihrem Unbewussten sämtliche Vorkehrungen treffen, um das lästige Übel des Schmerzes zu beseitigen. Ein einziger Gedanke, richtig, ohne jede Willensanstrengung genauso wie uns dies Kinder immer wieder vormachen, kann die Säfte- und Blutverteilungsverhältnisse an der bisher schmerzhaften Stelle so umschaffen, dass in wenigen Sekunden oder Minuten die körperlichen Grundlagen des Schmerzes wieder auf geringfügige Empfindungen zurückgeführt sind, die das Bewusstsein dann vernachlässigen kann und die in keiner Weise zu stören brauchen. Ein einziger Gedanke, wenn er Einlass ins Unbewusste gefunden hat, kann schliesslich genügen, um jede Schmerzmaschine jederzeit abzustellen. Ein einziger Gedanke kann schliesslich genügen, um schmerzfrei zu sein und schmerzfrei zu bleiben.

2. Wie man sich aus den Klauen der Angst befreit

Die Angst selbst brauche ich Ihnen nicht vorzustellen. Jeder von uns hat diese Empfindung irgendeinmal selbst kennengelernt. Das Angstproblem ist ein Knotenpunkt, an welchem die verschiedensten und wichtigsten Fragen zusammentreffen. Wer kann den Knoten lösen? «Man könnte Menschen zu Göttern machen», schrieb Schiller, «wenn man imstande wäre, ihnen die Angst zu nehmen.» Angst kann man Ihnen nicht nehmen. Dieses Rätsel muss jeder selbst lösen. Die richtige Anwendung der *Autosuggestion* befreit jedoch jeden aus den *Klauen* der Angst.

Woher die Angst?

Der Name «Angst» (lateinisch angustiae, Enge) betont den Charakter der Beengung im Atmen. Wer Angst hat, spürt die Beengung im Atmen! Der erste Angstzustand geht nach Meinung der Psychoanalyse aus der Trennung von der Mutter hervor. Der Geburtsakt gilt als die Quelle und das Vorbild des Angstgefühls. Sie brauchen diese Theorie nicht zu akzeptieren, werden aber bei guter Selbstbeobachtung herausfinden, dass Angst *immer mit einem Trennungsproblem* gekoppelt ist. Das ängstliche Kind hält sich am Schürzenzipfel der Mutter fest. Auch wer sich von einem negativen Gedanken nicht trennen kann, erlebt Angst. Wer den Gedanken der Angst loslassen kann, ist (angst-)frei.

Übung macht den Meister

So einfach ist das also! Loslassen und man ist frei, angstfrei! Die meisten Menschen, die eine starke Angst verspüren, meinen, es sei nicht möglich, sich selbst aus den Krallen der Angst zu befreien. Man sei doch derart beherrscht, so in den Klauen des Angstgefühls, dass man ihm völlig ausgeliefert sei. Selbstbeeinflussung sei in diesem Moment doch gar nicht möglich. Das stimmt! Selbstbeeinflussung darf man nicht gerade in jenem Moment üben, in dem man von dem heftigen negativen Gefühl befallen ist. Ein Olympiawettkämpfer wird ja schliesslich auch nicht erst auf dem Olympiagelände mit seinem Training beginnen. Die Kunst des Klavierspiels soll der Pianist nicht bei seinem Auftritt üben. Und der Schauspieler lernt seinen Text auch nicht erst bei der Aufführung. Hätten Sie es gerne, wenn der Automechaniker an Ihrem Auto herumübt?

Gewiss nicht! Sie wollen und erwarten doch, dass er ein Auto reparieren kann, wenn Sie ihm Ihr Fahrzeug anvertrauen. Genauso ist es mit der Selbstbeeinflussung. Übung macht den Meister! Wer ein Übel beseitigen will, das durch Selbstbeeinflussung beeinflusst werden kann, muss in der Anwendung der Methode geübt sein.

Üben Sie täglich vollkommene körperliche Entspannung. Gewöhnen Sie sich jetzt an, *innerlich* loszulassen. Wer innerlich loslassen kann, wird von Angst nie mehr so richtig in die Klauen genommen werden können. Angstgefühle kann jeder haben. Was zuviel ist, beseitigen formelhafte Vorsätze. Folgende *Fallbeispiele* zeigen Ihnen, welche Formeln mit Erfolg angewendet werden.

Angst- und Lampenfieber

Heute ist sie eine weltbekannte Pianistin. Vor ihren Fernseh- und Konzertauftritten litt sie früher an heftigem Lampenfieber. Sie wurde von der Angst oft so stark in die Klauen genommen, dass sie glaubte, die Noten vergessen zu haben und überhaupt nicht mehr spielen zu können. Sie übte Entspannung mit dem Vorsatz, der Sondersuggestion also:

«*Ich bin und bleibe
ganz ruhig und frei*».

Anfänglich ohne Erfolg. Im Gegenteil: Beim Gedanken «ruhig und frei» wurde sie noch nervöser. Oft brach sie dann in einen Weinkrampf aus. Was machte sie falsch? Nur das, was man bei der bewussten Anwendung der Autosuggestion falsch machen kann; sie strengte sich an!

Ohne jede Willensanstrengung kam der Erfolg schlagartig. Heute erlebt sie die vor Auftritten eines Künstlers notwendige Erwartungsspannung mit einer durch und durch positiven Grundeinstellung. Damit fühlt sie sich ruhig und frei.

Vor grossen Auftritten, auch vor Prüfungen, besteht immer eine gewisse Spannung. Solche Erwartungsspannung ist notwendig für den Erfolg. Spannung und Verkrampfung sind nicht dasselbe! Es wäre vollkommen falsch, wenn man in Ausnahmesituationen, und das sind Prüfungen oder Auftritte von Künstlern, einen vollkommen ruhigen, geradezu langweiligen Zustand, einen Zustand ohne jegliche Spannung zu erleben hoffte. Es wäre auch vollkommen falsch, solche Spannung durch bewusste Anwendung der Autosuggestion unterdrücken, verdrängen zu wollen. Ein gewisses Mass an Erwartungsspannung soll man ganz ruhig bejahen und es annehmen lernen.

Prüfungsangst

Bei jeder Prüfung besteht die Möglichkeit, dass man durchfällt. Das ist das Faszinierende bei Prüfungen. Ein 16jähriger Schüler berichtete, er habe mit der Suggestion:

Ich bin bei der Prüfung
ganz ruhig und frei

nicht nur seine Angst vor dem Lehrer und Prüfungsexperten verloren, sondern es seien ihm in der Prüfung Dinge in den Sinn gekommen, die er längst vergessen glaubte. Im übrigen habe ihn der Gedanke «ruhig und frei» während der ganzen Prüfung wie ein Schutzengel begleitet. Er sei immer dagewesen, habe ihn aber bei der Prüfungsarbeit weder behindert noch gestört, auch nicht abgelenkt. Ganz im Gegenteil! Er habe sich in diesem Gedanken so richtig geborgen und sicher gefühlt.

Angst bei der praktischen Führerscheinprüfung

Viele Menschen suchen Rat, weil sie sich vor ihrer Führerscheinprüfung fürchten. Eine 45jährige Bauernfrau war zweimal durch die Führerscheinprüfung gefallen. Die Hoffnung, ihren Führerschein doch noch zu machen, hatte sie fast gänzlich aufgegeben. Sie übte Entspannung, und mit der Sondersuggestion:

Ich fahre ganz ruhig,
sicher und frei

klappte es beim dritten Anlauf. Mit der gleichen Formel fand übrigens ein 35jähriger Versicherungsangestellter, der zuvor mehrfach in Unfälle verwickelt war, seine Sicherheit im Strassenverkehr wieder.

Angst vor Vorgesetzten

Autoritätsangst, Angst vor Vorgesetzten, ist weit verbreitet. Auch Kinder haben mit solchen Ängsten zu kämpfen. Sie haben oft die üble Gewohnheit, das, was sie geschrieben oder gezeichnet haben, gerade in jenem Augenblick mit beiden Händen ganz zuzudecken, wenn ein Erwachsener, der Lehrer in der Schule oder die Mutter zu Hause, einen Blick darauf werfen will. Wenn man darauf besteht, das Geschriebene oder Gezeichnete doch zu sehen, wehren sich die Kinder mit

Händen und Füssen dagegen. Diese lästige Gewohnheit hatte eine 19jährige Sekretärin beibehalten. Wenn ihr Chef zu ihr ins Büro kam, drehte sie sofort die Walze ihrer Schreibmaschine so zurück, dass nur noch die Anrede, die sie am Briefanfang getippt hatte, zu lesen war. Sie konnte sich von ihrer Angst und Unsicherheit befreien mit der Sondersuggestion:

Ich bin beim Chef ganz ruhig, sicher und frei.

Das «dumme» Verhalten, wie es die Sekretärin selbst nannte, verschwand nicht plötzlich. Die Sondersuggestion machte diese Frau selbstsicherer. Die üble Gewohnheit, die Walze zurückzudrehen, zeigte sich, bei zunehmender Selbstsicherheit, seltener und verschwand schliesslich ganz.

Ein junger Coiffeur litt unsäglich darunter, dass er beim Rasieren oder Haarschneiden immer dann zu zittern begann, wenn sein Chef den Salon betrat. Plötzlich bemerkte er, dass er das Zittern in den Händen auch hatte, wenn er mit jemandem im Gespräch war und sich dabei eine Zigarette anzündete. Mit der Zeit begann er auch zu Hause zu zittern, vor allem wenn Freunde mit ihm zusammen waren. Er zitterte schliesslich aus lauter Angst, dass die andern seine Zittrigkeit bemerken könnten und sich dann denken mussten: «Wenn der schon beim Einschenken eines Glases oder beim Feuer-Reichen zittert – von dem möchte ich mich auch nicht rasieren oder mir die Haare schneiden lassen!» Der junge Coiffeur befreite sich von seiner Zitterfurcht mit der Sondersuggestion:

Zittern ist ganz gleichgültig,

und jedesmal, wenn sein Chef den Laden betrat, gab er sich in Gedanken ein:

Da kommt er also:

dem zittere ich jetzt etwas vor,

und im gleichen Augenblick blieb von Zittern keine Spur mehr übrig.

Ein 43jähriger Bankangestellter beseitigte seine Angst vor seinem Vorgesetzten mit der Sondersuggestion:

Mein Chef ist gleichgültig,

Arbeit ist wichtig.

Wer innerlich loslassen kann, ist Dingen und Personen gegenüber gleichgültig. Innere Gleichgültigkeit ist positiv, äussere Gleichgültigkeit dagegen negativ! Und noch etwas: Angst wird nicht dadurch beseitigt, dass man sie verdrängt. Der Angst sollte man in die Augen sehen, dann verschwindet sie.

Rede- und Verhandlungskunst

Ein 30jähriger kaufmännischer Angestellter sah sich plötzlich vor ein grosses Problem gestellt. Er war Angestellter bei einem mittelgrossen Transportunternehmen. Seine Mitarbeiter und Vorgesetzten kannten ihn als frohgemuten, heiteren Menschen, der seine Arbeit liebte. Er selbst war stets bestrebt, die Arbeit zur vollsten Zufriedenheit seiner Vorgesetzten zu erledigen. Nur ganz selten unterliefen ihm dabei auch Fehler. Darum wurde er von seinen Arbeitskollegen spasseshalber «Perfektheini» genannt. Der Angestellte bekam nun von seiner Direktion einen Brief. In diesem stand, dass er zum Abteilungsleiter befördert war. «Perfektheini» war von dieser Beförderung zwar begeistert, aber er sah Probleme auf sich zukommen. Denn er genierte sich seit seiner Schulzeit, öffentlich zu reden. Er konnte keine Vorträge halten. Als Abteilungsleiter aber, das wusste er, war er verpflichtet, jeden Monat einmal in einem Vortrag vor der ganzen Direktion des Unternehmens über die Arbeit der Abteilung zu berichten. Als Abteilungsleiter musste er auch wichtige Verhandlungen führen. Wie sollte er das Problem lösen? Es gab nur zwei Möglichkeiten: Er konnte die Beförderung ablehnen, oder er musste seine Rede- und Verhandlungsangst beseitigen. «Perfektheini» überwand seine Angst mit der Sondersuggestion:

Bei Vorträgen und Verhandlungen bleibe ich ruhig und gelassen; niemand kann mich verletzen.

Diese umständliche Formel kürzte «Perfektheini» bald einmal ab. Er sagte sich nur noch:

VVRG (Vorträge, Verhandlungen, Ruhig, Gelassen),

und jedes Mal, wenn er VVRG sagte oder auch nur dachte, löste sich seine Angst wie Nebel in der Sonne auf.

Ob die Leute noch in die Kirche gehen, hängt wesentlich auch davon ab, wie gut der Pfarrer predigt. Ein junger Pfarrer wusste das. Er verbesserte seine Predigten mit der Sondersuggestion:

Ich spreche ruhig, sicher und frei.

Der Erfolg kam mit der Zeit! Doch er war verblüffend. Immer mehr junge Leute kamen in die Kirche und hörten ihm zu. Jetzt war es in der Kirche still, ganz still, wenn er predigte. Kaum jemand hustete oder räusperte sich. Niemand tuschelte mehr. Auch das lästige Scharren mit den Schuhen blieb plötzlich aus. Jetzt, wo er ruhig, sicher und frei sprach, hätte man in den Sprechpausen eine Maus rascheln gehört. Über diesen Erfolg äusserte sich der Pfarrer begeistert: «Seit ich das Sprüchlein eingebe, bin ich tragfähig. Ich kann die unheimliche Ruhe der Gläubigen, die Stille endlich ertragen. Sie macht mich nicht mehr nervös wie früher. Im Gegenteil! Sie macht mich ruhiger und sicherer.»

Angst bis zu nervösen Durchfällen

Der 35jährige Peter arbeitete als Mechaniker im Geschäft seines Vaters. Im elterlichen Betrieb arbeitete auch sein älterer Bruder, den der Vater wegen seines Universitätsabschlusses klar bevorzugte. Der Umgang von Peter mit seinem Vater wurde plötzlich schwierig. Peter fühlte sich in offenen Streitgesprächen seinem Vater immer weniger gewachsen. Er begann, an seinen Nägeln zu kauen. Das hatte er als kleiner Bub oft gemacht. Immer häufiger litt er jetzt unter nervösen, angstbedingten Durchfällen. Aus dem elterlichen Betrieb konnte und wollte er aber nicht ausscheiden, denn dann hätte er auch mit einer Lohneinbusse von über 20 % rechnen müssen. Dies aber hätte ihm verunmöglicht, den gewohnten Lebensstandard seiner Familie beizubehalten. Er lernte also sich zu entspannen, loszulassen. Und schliesslich half ihm die Sondersuggestion
Immer Mut
und es geht gut.
Die nervösen Durchfälle stoppte er mit dem Zusatzsprüchlein
Der Dickdarm behält.

Angst zu erröten

Sehr viele Menschen suchen überall Rat wegen neurotisch bedingter Überdurchblutung des Gesichtes. Ein 28jähriger Postbeamter errötete immer dann, wenn ein nettes Mädchen an den Postschalter kam. Ein 24jähriger Bankkaufmann errötete, wenn er seiner Sekretärin privat begegnete. Auch eine 45jährige Hausfrau errötete seit Jahren immer gerade dann, wenn sie am wenigsten zu erröten hoffte. Eine junge Lehrerin errötete, wenn sie jemandem im Treppenhaus des Wohnblocks begegnete. Sie errötete aber auch, wenn sie einer alten Bekannten auf der Strasse begegnete oder wenn sie beim Einkaufen das Geld auf den Ladentisch zählte. Mit dem Spiegel kontrollierte sie ihr Gesicht bei jeder sich bietenden Gelegenheit. Sie wollte wissen, ob sie errötet sei. Manchmal legte sie auch den Handrücken ihrer rechten Hand an die eine oder andere Wange, um die Wärme in dieser Hautregion abzufühlen. Auch im tiefsten Winter, wenn ihr ganzer Körper durchfroren war, errötete sie. Das ärgerte sie masslos. Während die genannten jungen Männer und die 45jährige Hausfrau ihre Errötungsfurcht mit dem Vorsatz:

Wenn ich erröten will, geht das Blut in die Beine

beseitigten, half der Lehrerin die Sondersuggestion:

Ich bin bei andern Menschen ganz ruhig, sicher und frei.

Ein 17jähriges Mädchen, das bei Begegnungen mit Jungen, besonders solchen, die sie gut mochte, leicht errötete, hatte Erfolg mit der Sondersuggestion:

Das Gesicht bleibt ganz ruhig, kühl und blass.

«Wenn ich jetzt einem Jungen begegne», berichtete sie begeistert, «spüre ich ganz deutlich, wie meine Füsse ganz heiss werden. Ich habe am ganzen Körper dann sehr warm. Aber der Kopf bleibt ganz kühl.»

Angst mit nasstriefenden Händen

Ein 30jähriger Verkäufer wurde nicht von Errötungsfurcht geplagt. Die Hände waren sein Problem. Er schwitzte zu leicht, und seine Hände waren oft feucht, manchmal nasstriefend. Er wagte nicht, seine Hand einem guten Kunden zur Begrüssung zu reichen. Lange versuchte er, die Hände in seinen Hosentaschen zu verstecken, und er geriet immer in Panik, wenn ihm jemand zur Begrüssung oder Verabschiedung die Hand reichen wollte.

Bei vielen Menschen äussert sich innere Erregung durch übermässiges Schwitzen. Auch die Handflächen sind dann feucht. In einem Teufelskreis löst die Angst, der Sitte entsprechend jemandem die Hand reichen zu müssen, bei feuchten oder gar nasstriefenden Händen gesteigerte Angst und Erregung, damit aber auch wieder gesteigertes Schwitzen aus. Erst als dieser junge Verkäufer sich innerlich lösen, entspannen, gelöst und gelassen sein konnte, hatte die Suggestion:

Ich bin bei anderen Menschen
ganz ruhig, sicher und frei

Erfolg. Die Hände wurden trocken. Damit verlor er auch die Angst vor jedem Händedruck.

Mit dem gleichen Sprüchlein «Ich bin bei anderen Menschen ganz ruhig, sicher und frei» hat sich ein 20jähriger Zeichner von seiner Angst und dem Angstschweiss seiner Hände befreit.

Angst vor Kontakt

Eine 25jährige Kindergärtnerin war lange Zeit kontaktgestört. Allein getraute sie sich nicht unter die Leute. Sie ging weder ins Café noch ins Theater; aber auch zum Tanzen ging sie nur, wenn ihre beste Freundin mit ihr kam. Dann heiratete ihre beste Freundin. Nun sass sie allein zu Hause, weil ihre beste Freundin keine Zeit mehr für sie hatte bzw. haben durfte. Sie selbst wollte einen festen Freund finden. Aber wie und wo? Die Menschen, mit denen sie im Kindergarten zu tun hatte, waren entweder Kinder oder Eltern dieser Kinder. Auf Anraten eines Psychologen machte sie schliesslich wieder einen Versuch, unter Leute zu kommen. Sie beschloss, allein an das Musikfest des Nachbardorfes zu gehen. Aber schon während sie sich für das Fest bereit machte, kamen ihr Zweifel und Ängste. Negative Gedanken wie: «Was soll ich dort? Sicher sind alle verheiratet, die dort mitmachen, es hat bestimmt bessere und schönere Mädchen dort, als ich bin, als Mädchen kann man doch nicht allein an ein Dorffest, die denken doch sofort: ‹Die sucht einen!›» Aber sie überwand sich, stieg in ihr Auto und fuhr zum Festplatz. Als sie die vielen Leute sah, die sich dort vergnügten, ergriff sie wieder Angst. Sie stieg in ihr Auto und fuhr nach Hause. Dort legte sie eine Chopin-Platte von Rubinstein auf, warf sich auf ihr Bett und begann zu heulen.

Einen Tag später sah sie das Unsinnige ihres Verhaltens ein. Sie fasste Mut und übte Entspannung. Der Erfolg kam mit der Sondersuggestion, die sie sich täglich mehrmals eingab:

Ich gehe unter Menschen,
ganz fröhlich und frei.

Und wie kam der Erfolg? Er kam mit der Zeit! Sie begann zu reisen. Sie reiste nach Norditalien, Florenz. Sie besuchte auch Sprachkurse. Und auf einer Bahnfahrt von Lugano nach Zürich passierte es: Sie lernte einen jungen Journalisten kennen, mit dem sie nun seit 6 Monaten verheiratet ist.

Einem 14jährigen stotternden und kontaktscheuen Schüler half das Sprüchlein:

Die Verbindung zu andern fällt leicht;
ich spreche immer besser und besser.

Ein 30jähriger Buchhalter beseitigte seine Kontaktgehemmtheit mit der Formel:

Die Menschen sind Freunde.

Miriam war erst 17 Jahre alt, bildhübsch und intelligent und darum von vielen verehrt, angebetet, begehrt. Sie wollte sich mit einem jungen Mann näher einlassen, einen festen Freund haben. Nach ein paar Tagen aber flog jede Freundschaft auf; denn sie bekam immer einen richtigen Hass, wenn ein Verehrer sie küssen oder umarmen wollte. Hinter diesem Hass verbarg sich Bindungsangst. Sie beseitigte schliesslich diesen Widerstand mit der Formel:

Ich fühle mich bei Männern
ganz ruhig, sicher und frei.

Mit der Formel:

Ich fühle mich bei Mädchen
ganz ruhig, sicher und frei

machte sich ein 19jähriger Lehrling beliebt, dem bis anhin seine Schüchternheit bei Mädchen jeden normalen Kontakt verbaut hatte.

Ein 29jähriger Lehrer war vielleicht gerade deshalb von schönen Mädchen so umschwärmt, weil er in mancher Beziehung so schüchtern und hilflos war. Er versuchte lange Zeit, seine Schüchternheit dadurch zu verbergen, dass er sich mit keinem der Mädchen näher einliess. Das befriedigte ihn auf die Dauer aber nicht. Seine Beziehungsangst verlor er schliesslich mit der Formel:

Ich fühle mich bei Mädchen ruhig und frei.

Schliesslich konnte er sich nicht nur für eine feste Freundschaft, sondern sogar zur Heirat entschliessen.

Eine 24jährige Krankenschwester tanzte gerne, wurde aber immer dann von Schüchternheit und Angst befallen, wenn ihr Tanzpartner ein Gespräch mit ihr anfangen wollte. Sie brachte dann kein einziges Wort hervor, so dass ihr Tanzpartner den Eindruck gewinnen musste, sie lehne ihn innerlich ab. Am schlimmsten war ihre Angst gerade dann, wenn sie ihren Tanzpartner sympathisch fand, ihn als Freund zu haben wünschte. Sie beseitigte das Übel mit der Formel:

Ich liebe das Leben
und schliesse mich auf.

Eine 44jährige Hausfrau, die sich immer mehr und mehr in ihre vier Wände zurückgezogen hatte, dabei aber nicht glücklich war, überwand ihre Angst im Umgang mit Menschen mit der Formel:

Die Verbindung zu andern macht Freude.

Ein 50jähriger Techniker war mit seinen Nerven deshalb am Ende, weil er mit seinen Arbeitskollegen nicht auskam. Er sah seine Situation ausweglos. Er hatte eine fünfköpfige Familie zu ernähren und einen guten Beruf. Im technischen Büro einer Grossfirma leistete er gute Arbeit. Im gleichen Betrieb hatte er seine Lehre und dann die betriebsinterne Ausbildung durchgemacht. Nach so vielen Jahren Firmenzugehörigkeit hielt er einen Wechsel für unmöglich. Im Umgang mit seinen Mitarbeitern und Kollegen bekundete er Mühe. Mehr noch, sie gingen ihm richtiggehend auf die Nerven. Obwohl er seine Arbeit liebte, war jetzt jeder Gang ins Büro für ihn ein «Muss». Bald hatte er das Gefühl, dass seine Mitarbeiter ihm böse seien und ihm das Leben absichtlich schwermachen wollten. «Die wollen mich doch bloss kaputtmachen», sagte er. Als er innerlich loslassen konnte, half der Vorsatz:

Kollegen sind egal,
Arbeit ist wichtig.

Er übte täglich. Mit der Zeit sah alles ganz anders aus. Seine Nerven erholten sich rasch. Bald einmal liess er sich nicht mehr alles gefallen. Er stellte, wie man zu sagen pflegt, seinen Mann. Gelöst und gelassen konnte er sich immer besser wehren, und er verschaffte sich Respekt. Seine Kollegen akzeptierten ihn und nahmen ihn bald wieder für «voll». Sein Gesundheitszustand besserte sich fast täglich. Jetzt konnte er auch am Wochenende abschalten. Er schlief besser, wurde frohgelaunt, heiter, gesund und nervenstark.

Wer Kontaktschwierigkeiten hat, hat auch Angst. Und wer Angst hat, sieht die Schwierigkeiten immer zuerst bei den andern. Das kostet Nerven! Im Umgang mit andern Menschen kann man sich stärken. Genauso wie die Leistungskurve eines Sportlers nach unten abfällt, wenn er keine Wettkämpfe mehr bestreitet, leiden die Nerven eines Menschen, der Kontakt meidet. Nur wer die täglichen Auseinandersetzungen sucht, hat Aussicht, später auf ein erfülltes Leben zurückblicken zu können. Wer sich zurückzieht, stirbt innerlich. Solches Zurückziehen kann sich höchstens noch der meditierende Weise erlauben. Kontaktpflege ist lebenswichtig. Das gilt am Arbeitsplatz und daheim gleichermassen.

Angst bis zum Stottern

Der 28jährige Bankkaufmann Peter W. erledigte zwar seinen Schalterdienst zur vollsten Zufriedenheit seiner Vorgesetzten, litt aber darunter, dass er sich bei manchen Kunden unsicher und ängstlich fühlte und im Gespräch mit ihnen zu stottern begann. Tägliche Entspannungsübungen brachten Erfolg. Er gab ein:

Ich bin gelöst und entspannt,
und ich spreche fliessend und frei.
Mit zunehmender innerer Sicherheit und der Fähigkeit, sich innerlich zu lösen, verschwand sein Stottern.

Eine Sekretärin, die immer dann zu stottern begann, wenn sie wichtige Kunden zu empfangen hatte, übte erfolgreich mit der Formel:
Ich bleibe bei Fremden
sicher und frei,
spreche offen und freundlich dabei.

Angst bis zur Harnlasshemmung

Der junge Angestellte einer Seilbahn konnte, wie viele Männer, nur dann Harn lassen, wenn er allein im Pissoir stand. Sobald ein anderer Mann diesen Raum betrat, stoppte sein Strahl ganz. Er konnte sich mit dem Sprüchlein:
Andere sind ganz gleichgültig,
es läuft von selbst
helfen. Das hatte, wie er selbst meint, eine angenehme Nebenwirkung: Er wurde von der Direktion befördert!

Angst mit Schuldgefühlen

Eine 38jährige Hausfrau und selbst Mutter von drei Kindern war noch derart an ihre eigene Mutter gebunden, dass sie sozusagen nichts tun konnte, ohne vorher ihre Mutter zu fragen. Oft nahm sie einen Anlauf, sich von ihrer Mutter zu lösen. Die Mutter sparte dann aber nicht mit Bemerkungen wie: «Du würdest mich besser fragen, sonst machst du sowieso alles falsch» oder «Ich könnte sterben, das wäre dir wohl gleichgültig!». Solche Bemerkungen ihrer Mutter trieben diese Frau in tiefe Schuldgefühle, die den gewonnenen Abstand wieder aufhoben. Sie lernte, sich innerlich von ihrer Mutter zu lösen. Und das Sprüchlein:
Ich bin frei von Angst- und Schuldgefühlen
gab der Frau schliesslich jene Sicherheit, mit der sie alle Vorwürfe ihrer Mutter gut ertragen konnte. Die Trennung war mit dieser inneren Loslösung von der Mutter vollzogen. Die Mutter spürte dies. Sie wurde depressiv. Für ihre Depressionen machte sie natürlich ihre Tochter verantwortlich.

Kinder sind nicht dazu geboren, Depressionen ihrer Eltern abzuwehren. Auch in der Ehe soll der eine Partner nicht den andern zur Abwehr seiner Depressionen missbrauchen. Wer depressiv ist, steht im allgemeinen nicht mit beiden Beinen im Leben. Das lässt sich ändern, aber nicht mit Hilfe eines Menschen, den man gewaltsam an sich bindet. Solche Bindungen sind lebenshemmend. Eine wirklich glückliche Bindung ist nur dort möglich, wo die Partner auch allein lebensfähig sind und sein dürfen. Das gilt auch für Eltern-Kind-Beziehungen; denn mit lebensfähig ist die seelische Lebensfähigkeit gemeint!

Als sich ein 30jähriger Beamter innerlich von seiner Mutter trennte und ein Leben führte, über das seine Mutter immer weniger erfuhr, drohte sie ihm mit Enterbung. Er blieb stark. Die Formel:

Ich fühle mich frei
und ohne Schuldgefühle

half ihm dabei. Die Mutter sprach mit ihrem Hausarzt darüber. Dieser gab ihr den Rat, sich keine Sorgen zu machen. Ihr Sohn sei 30, und sie solle ihn ziehen lassen. Er werde ganz bestimmt wieder zu ihr zurückfinden. Die Worte dieses Arztes wirkten suggestiv. Es fiel der Mutter schwer, den Sohn ziehen zu lassen; aber sie kam, wie sie selbst sagte, schliesslich darüber hinweg. Heute ist das Mutter-Sohn-Verhältnis ungetrübt.

Angst vor der Schwiegermutter

Die Angst vor der Schwiegermutter ist sprichwörtlich. Die Schwiegermutter wird, oft zu Unrecht, als «Drache» oder «böser Geist» bezeichnet. Sie wird also mit Wesen verglichen, die Angst einflössen. Wer sich in der Nähe der Schwiegermutter nicht frei und unbefangen ohne Angst fühlen kann, ist im allgemeinen auch in anderen Beziehungen gestört. Wer sich im Umgang mit Menschen sicher und frei fühlt, kann auch mit der Schwiegermutter auskommen. Dies heisst jedoch nicht, dass man sie immer in seiner Nähe haben will. Kontaktpflege soll aus freiem Entschluss kommen. Man kann Kontakte auch ganz bewusst vermeiden.

Eine junge Ehefrau geriet in Angst und Panik, wenn sie mit ihrer Schwiegermutter am Telefon sprechen sollte. Sie übte Entspannung, und die Formel:

Ich bin frei und unbefangen

machte sie frei und unbefangen, auch im Umgang mit ihrer Schwiegermutter.

Es gibt Schwiegermütter, die meinen, überall dreinreden zu müssen. Eine 20jährige frischverheiratete Frau löste dieses Problem. Sie sagte ihrer Schwiegermutter deutsch und deutlich, dass sie dies nicht wünsche. Die Schwiegermutter reagierte ihrerseits und auf ihre Weise. Sie telefonierte und zeigte sich nicht mehr. Dies verwirrte den jungen Ehemann und trieb ihn in Schuldgefühle. Er besuchte seine Mutter häufig, was die junge Ehefrau aber nicht störte.

Es ist immer gut, wenn verwandtschaftliche Beziehungen klar geregelt sind. Unklarheiten erzeugen nur böses Geschwätz. Wer eine Familie aufbaut, muss den Mut haben, eigene Wege zu gehen. Natürlich heiratet man immer die ganze Verwandtschaft mit. Man braucht aber auch dann nicht zu allen Verwandten gleichermassen Kontakt zu pflegen. Oft ist die Kontaktpflege durch alte Bräuche geregelt. Aber nicht immer. Dann ist es gut, wenn man die Beziehungen regelt. Wer innerlich loslassen, sich frei und unbefangen fühlen kann, wird auch mit Menschen auskommen, die ihm nicht sonderlich sympathisch sind.

Angst vor dem Ehepartner

Diese Angst ist weit verbreitet, verbreiteter, als man denkt. Eine 30jährige Hausfrau lebte in einem wahren Ehemartyrium. Sie konnte und wollte sich aber nicht scheiden lassen. Ihr Ehemann war jähzornig. Sie fand ihr Eigenleben mit der Formel:

Ich bleibe ruhig und gelassen,
doch ich vertrete mein Recht.

Eine 40jährige Frau hatte Angst vor ihrem Mann. Sie fühlte sich frei, wenn er aus dem Haus war. Sobald sie jedoch hörte, wie er den Hausschlüssel ins Türschloss steckte, verkrampfte sich alles in ihr; sie zitterte sogar. Sie verlor diese Angst mit der Formel:

Ich bin und bleibe ruhig
und frei von aller Angst.

Der Vater und seine drei Kinder waren sich einig: Die Mutter war ein Hausdrache. Sie hatte, wie man zu sagen pflegt, die Hosen an. Der Vater der Kinder gewann Selbstsicherheit mit der Formel:

Ich fühle mich sicher
und vertrete mein Recht.

68

Die väterliche Sicherheit wirkte sich auf die Kinder sofort aus und hatte gewisse Umstellungen in dieser Familie zur Folge. Eine Zeitlang verstärkte die Mutter ihren Druck, dann wurde sie depressiv. (Über den Ausweg aus der Depression lesen Sie in einem späteren Kapitel dieses Buches.)

Angst, zuviel zu sagen

Es gibt sehr viele Menschen, die keinerlei Kontaktangst haben. Ganz im Gegenteil: Sie sind lästige Schwätzer. Sie können nichts für sich behalten, müssen alles, aber auch alles weitererzählen. Besonders Frauen wird, oft zu Unrecht, vorgehalten, sie seien Schwatzbasen. Männer schwatzen oft viel mehr herum als Frauen. Nur heisst es dann bei ihnen nicht herumschwatzen, sondern politisieren, debattieren, geschäftliche Gespräche führen usw. Die Schwätzer laufen immer Gefahr, Dinge zu sagen, die sie nicht hätten ausplaudern sollen.

Einer 45jährigen Hausfrau ging ihre fehlende Sprechhemmung selbst auf die Nerven. Im nachhinein regte sie sich immer sehr auf, dass sie ihrer Nachbarin zuviel anvertraut hatte. Das sollte aufhören. Diese «logorrhöische» Schwätzerin, so werden Leute genannt, die wörtlich übersetzt an «Redefluss», d.h. an fehlender Sprechhemmung leiden, bekam sich selbst in den Griff mit der Formel:
Ich höre mich sprechen.

Angst vor dem, was andere sagen könnten oder sagen

Lehrer sein ist schwer. Das jedenfalls behauptete lange Zeit ein 25jähriger Primarlehrer. Er fühlte sich der öffentlichen Meinung zu stark ausgesetzt und im Privatleben nicht frei. Um sich zu vergnügen, fuhr er oft in eine mehrere hundert Kilometer entfernte Grossstadt. Auch dort traf er aber manchmal Leute aus seinem Dorf. Ein Schreck durchzuckte seinen Körper, als ihn der Vater eines seiner Schulkinder in einer Bar bei einem Glas Whisky und mit einem netten jungen Mädchen ‹erwischte›. Das musste doch Geschwätz geben. Darum fühlte er sich in seiner Haut nicht mehr wohl und traute sich schliesslich kaum mehr aus dem eigenen Haus. Dann übte er Entspannung. Und die Formel:
Was andere denken,
lässt mich kalt
befreite ihn von seiner Angst.

Flugangst

Der 40jährige Kaufmann P. bekam eine Einladung seiner japanischen Lieferfirma, die Herstellerwerke zu besuchen. Die Flugreise war bezahlt. Doch er freute sich keineswegs. Schon der Gedanke, ein Flugzeug zu besteigen, jagte ihm fürchterliche Angst ein. Der Kaufmann war ein ausgesprochener Willensmensch. Unerwünschte Gefühle, und Angstgefühle sind das, lassen sich mit Willensanstrengung aber nicht vertreiben. Es brauchte lange, bis der Kaufmann dies verstehen konnte. Er übte Entspannung. Dann nützte ihm der starke Wille viel. Konsequent, jetzt aber ohne jede Willensanstrengung, gab er die Formel ein:
Ich bin und bleibe frei von Angst,
ich nehme alles gelassen.
Der Erfolg musste kommen. Zuerst bemerkte er, dass er in einem geschlossenen Lift ohne Angst fahren konnte, was ihm vorher noch nie möglich gewesen war. Darauf wagte er einen Probeflug von Zürich nach Genf. Während des ganzen Fluges blieb er gelassen. Darauf flog er nach Japan. Auf der Karte, die er aus Alaska schrieb, wo zwischengelandet wurde, stand: «Alles i.O.»

Sehr viele Menschen leiden mehr oder weniger unter solchen Angstzuständen. Gerade bei Flugangst wird oft und gerne an die Vernunft appelliert. Angst lässt sich jedoch mit Vernunft allein nicht vertreiben.

Ein junger Reisender, der oft geschäftlich ein Flugzeug besteigen musste, gab offen zu, dass er trotz häufiger Flüge immer noch Angst habe. Vor allem in den Start- und Landephasen ergreife ihn jedesmal die Angst, und er sei immer heilfroh, wenn er wieder festen Boden unter den Füssen habe. Die Formel:
Fliegen ist ganz gleichgültig
brachte diesem Geschäftsmann Gelassenheit. Start und Landung konnte er bald so gelöst und gelassen erleben, dass er die Zeitschrift, hinter der er sich jeweils während der Start- und Landephase eines Fluges versteckt hatte, um den Eindruck eines gelassen lesenden Flugpassagiers zu erwecken, jetzt ruhig und unverkrampft lesen oder sich sogar mit seinem Nachbarn unterhalten konnte.

Angst, im Auto mitzufahren

Fahrer eines Autos haben oft die üble Gewohnheit, den Sicherheitsabstand nicht einzuhalten. Und wenn sie dazu noch bemerken, dass dies den Mitfahrer ängstigt, fahren sie erst recht nahe an das vordere Fahrzeug heran. Der Mitfahrer drückt seine Angst in einer spontanen Bremsbewegung aus, die er mit seinen Füssen ausführt, obwohl ja auf seiner Seite keine Bremspedalen sind. Ärgerliche Bemerkungen des Mitfahrers und die Bitte, doch anständig zu fahren, führen bei manchem Fahrzeugführer eine Trotzhaltung herbei. Jetzt fährt er übertrieben langsam und vorsichtig.

Grundsätzlich hat jeder Mitfahrer die Möglichkeit, auf eine Mitfahrt zu verzichten.

Die Mitfahrerangst ist in vielen Fällen unbegründet. Es gibt nämlich Menschen, die sich ängstigen und ärgern, wenn der Fahrer korrekt, aber eben nicht genauso fährt, wie sich der Mitfahrer dies vorstellt. Aus der Sicht des Mitfahrers sieht jede Autofahrt ganz anders aus als aus der Sicht des Fahrzeuglenkers. Einem routinierten und korrekt fahrenden Lenker sollte man sich voll und ganz anvertrauen, d.h. auf das Mitfahren in Gedanken verzichten, eine Zeitschrift lesen, Radio hören oder aus dem Fenster schauen und die vorbeiziehende Landschaft geniessen. Dies gelingt bei vollkommener körperlicher Entspannung mit der Formel:

Autofahren ist ganz gleichgültig.

Lässt der Mitfahrer seinen Lenker tatsächlich in Ruhe, so hat dies im allgemeinen eine recht angenehme Nebenwirkung. Der Fahrer lenkt das Fahrzeug anständig und regelkonform.

Reiseangst

Das Reisefieber packt nicht nur Kinder. Auch Erwachsene werden noch recht oft und in übertriebenem Ausmass davon befallen, so dass man von Reiseangst sprechen muss. Ihre Reiseangst konnte eine 28jährige Lehrerin mit der Formel:

Ich reise gern
und bleibe ruhig und gelassen

so dämpfen, dass Übelkeit und Schlaflosigkeit, die sie sonst Tage vor einer wichtigen Reise regelmässig plagten, verschwanden und nie wieder kamen.

Angst, seekrank zu werden

Nur die Angst, seekrank zu werden, hinderte ein junges Ehepaar daran, eine Mittelmeerkreuzfahrt zu unternehmen. Als sie von der Möglichkeit hörten, dass Seekrankheit mit der Sondersuggestion:

71

Das Schaukeln des Schiffes
ist gänzlich egal

erfolgreich vermieden werden kann, begannen sie bei innerer Gelassenheit mit dieser Formel zu üben. Dann buchten sie mit einem befreundeten Ehepaar eine Schiffsreise von Genua nach Tunis. Obwohl die Überfahrt recht stürmisch war, wie sie einstimmig berichteten, verspürten sie ausser einem leichten Unbehagen nichts Besonderes. Seekrank wurden beide nicht. Ganz im Gegenteil machte ihnen das Schaukeln des Schiffes mit der Zeit sogar Spass.

Ein junger Mann, der täglich Entspannung übte, suggerierte sich bei einer stürmischen Seefahrt:

Jedes Schaukeln vertieft die Ruhe.

Mit diesem Gedanken schlief er auf dem Bett in seiner Kabine ein und erwachte erst wieder, als das Schiff in den Hafen einlief.

Tempoangst

Die 12jährige Tochter eines Oberschullehrers drängte ihren Vater, mit ihr auf die Chilbi zu gehen. Sie wollte mit ihm auf die grosse Achterbahn. Seit seiner Kindheit aber hatte dieser Lehrer Angst gerade vor dem, was auf solchen Bahnen die Menschen begeistert: vor dem hohen Tempo, der Schussfahrt in die Tiefe! Als Kind war er ein einziges Mal auf einer solchen Bahn. Seither wurde es ihm schon vom Zuschauen übel. Die Tochter bettelte. Der Vater, der sich vor seiner Tochter nicht ängstlich geben wollte, willigte schliesslich ein. Er bestieg mit ihr einen Wagen der Bahn. Die Tochter freute sich riesig; er aber versuchte gelassen zu bleiben. Er strengte sich an, er wollte sich nichts anmerken lassen. Seine Finger gruben sich immer tiefer in das Sitzpolster. Als der Wagen anrollte, befiel ihn unheimliche Angst. Jetzt war er im Wagen. Er konnte die Fahrt nicht mehr verhindern. Er musste mitfahren. Es gab keine Notbremse, Anhalten und Aussteigen war unmöglich. Die Angst schnürte ihm die Kehle zu. Sein Atem ging schnell. Er schaute auf den Wagenboden und schluckte, während seine Tochter begeistert der Mutter zuwinkte, die mit dem kleinen Bruder am Ausgang stand. – Da, wie ein Blitz durchzuckte ihn der Gedanke:

Loslassen, loslassen, alles geschehen lassen.

Der Gedanke wirkte suggestiv und löste seine Verkrampfung. Tief sank er in die Polster des Wagens. Die Fahrt war vorbei, er hatte sie «überlebt». Mehr noch!

Er hatte sich selbst besiegt, seine Tempoangst vertrieben. Seine Freude darüber war so gross, dass er, zur Begeisterung seiner Tochter, sofort zwei weitere Fahrkarten kaufte.

Angst vor Spritzen

Ein 28jähriger Arbeiter litt unter panischer Angst vor Spritzen jeder Art. Schon lange wollte er Blut spenden; aber er konnte nicht. Die Angst vor dem Einstich war viel zu gross. Nun war es aber soweit! Er musste einen der Weisheitszähne herausoperieren lassen. Jetzt musste er seine Angst vor Spritzen überwinden. Er übte mit der Formel:
Ich bleibe gelassen; Spritzen sind gleichgültig.
Der Operationstag rückte näher. Die normale Erwartungsspannung machte sich bemerkbar, die Suggestion aber wirkte. Im Wartezimmer des Zahnarztes befiel ihn eine noch nie erlebte Ruhe und Gelassenheit. Auf dem Zahnarztstuhl war er erregt, aber nicht verkrampft. Der Gedanke «gleichgültig» ging ihm jetzt wie ein Werbespruch immer wieder durch den Kopf. Dann spürte er die Wirkung der Spritze; den Einstich der Nadel hatte er verpasst.

«Gleichgültig» ist eigentlich nur ein anderes Wort für «innerlich losgelöst». Es hat mit äusserer Gleichgültigkeit nichts gemeinsam. Wer innerlich gleichgültig sein kann, erscheint trotzdem pünktlich zu einem Rendez-vous, macht seine Arbeit ordentlich, lässt sich nicht gehen. Innere Gleichgültigkeit heisst, den Dingen nichts Negatives hinzufügen, die Dinge so lassen, wie sie sind. Ein technischer Angestellter drückte das mir gegenüber so aus: «Seit ich innerlich gleichgültig sein kann, sind Nägel für mich Nägel, Autos ganz einfach Autos, Unkosten sind eben Unkosten!»

Spitalangst

Mit Ausnahme der sogenannten Operationssüchtigen sind sich vermutlich alle Menschen einig: Das Spital ist ein Ort, an dem man sich nur ungern lange aufhalten will. Der Gedanke, Patient im Spital zu sein, löst im allgemeinen Unbehagen, Angst aus. Diese Angst unterstützt weder die Behandlung noch den Heilungsprozess. Sie soll darum autosuggestiv gedämpft oder beseitigt werden.

Einem 64jährigen Bankbeamten riet der Hausarzt, die Krampfader am linken Bein nun endlich operativ entfernen zu lassen. Während seiner 40jährigen Tätigkeit bei der gleichen Bank war dieser Beamte nicht mehr als zwölf Tage krank gewesen. Er erzählte dies mit berechtigtem Stolz. Nun ergriff ihn die Spitalangst. Er übte Entspannung und befreundete sich mit dem Gedanken an die bevorstehende Operation mit der Formel:

Spital ganz gleichgültig.

Angst vor einer Geburt

Ein gewisses Mass an Erwartungserregung ist nicht bloss normal, sondern notwendig. Erwartung wird erst dort zur Erwartungsangst, wo sie in Verspannung übergeht. Verspannung aber stört die normalen Abläufe unter Umständen ganz erheblich. Dass Frauen die Kinder auf die Welt bringen, ist eine Einrichtung der Natur. Es ist aber ebenso natürlich, dass Väter dem Ereignis erregt entgegensehen. Wenn die Erregung aber das normale Mass übersteigt, sind auch Väter verspannt. Das wirkt sich wiederum negativ auf die Frau und das bevorstehende Ereignis aus.

Entspannung ist notwendig! Eine 28jährige Ehefrau, die mit Ängsten, die das normale Mass klar überschritten, der Geburt ihres ersten Kindes entgegensah, konnte sich ruhig stellen mit der Formel:

Ich erwarte mein Kind
ganz ruhig und frei.

Angst, nicht einschlafen zu können

Jeder Mensch braucht Schlaf. Gesunder Schlaf ist lebensnotwendig. Ein Neugeborenes schläft fast ununterbrochen und hat in der Regel nie Schlafschwierigkeiten. Mit drei Monaten schläft der Säugling noch bis zu achtzehn Stunden, und auch er hat normalerweise keine Schlafschwierigkeiten. Erst am Ende des ersten Lebensjahres beschränkt sich der Schlaf fast ausschliesslich auf die Nacht. Die Dauer des Schlafes nimmt während der Kindheit und Jugend weiter ab und stabilisiert sich nach den ersten beiden Lebensjahrzehnten bei etwa acht Stunden. Das Schlafbedürfnis ist individuell ganz verschieden, ebenso die Schlaftiefe. Dennoch: die «normale» Schlafdauer bei Erwachsenen liegt zwischen sechs und neun Stunden. Der Schlaf kündigt sich durch das Schläfrigkeitsgefühl an. Die Augenlider werden schwer, man verspürt eine allgemeine Mattigkeit. Müde steigt man ins Bett, redet vielleicht, in auffallend langsamer Sprache, noch ein paar Worte. Das Bewusstsein trübt sich nach und nach und schwindet schliesslich ganz – man schläft.

Und wenn «es» nicht schläft? Wenn man nicht schlafen kann? Es ist zwecklos, sich um einen gesunden, normalen Schlaf zu bemühen. Durch solches Bemühen wird der innere Spannungszustand erhöht und der Schlaf noch weniger möglich gemacht. Loslassen, alles geschehen lassen, sich entspannen führt in einen gesunden, tiefen Schlaf. Aber Achtung! In den Schlaf *fällt* man. Inneres Loslassen bedeutet also, dass man fällt. Ängstliche Leute fallen nicht gern! Nervöse, ängstliche Menschen haben beim abendlichen Einschlafen, im Zustand zwischen Wachen und Schlafen, oft plötzlich das Gefühl, «in ein Loch zu fallen» oder «von einer Anhöhe herunterzufallen» oder ähnliches. Man kann dies als eine Entladung des Gehirns auffassen, die nichts Krankhaftes an sich hat. Im Gegenteil! Den ängstlichen Menschen jedoch kann die Entladung des Gehirns so erschrecken, dass er nun, schreckerfüllt, sich selbst am Einschlafen hindert.

«Schlaf», sagte der bekannte Arzt Paul Dubois, «ist wie eine Taube. Wenn du deine Hand ruhig ausstreckst, kommt sie herbei und lässt sich darauf nieder, wenn du sie aber ergreifen willst, fliegt sie davon.»
Eine 30jährige Hausfrau, die jahrelang von Schlafstörungen geplagt war, lernte schliesslich loslassen. Sie schlief ein mit der Formel:
Ich lasse mich los und schlafe.

Ein 65jähriger Bankbeamter glaubte, innerlich gut loslassen zu können. Was er nicht bzw. lange nicht loslassen konnte, war die Schlaftablette. Er wurde von ihr magisch angezogen. Pünktlich um 19 Uhr machte er den Griff in die Tablettenkiste. Die Wirkung war herrlich, aber schädlich. Wenn er die Türrahmen nicht mehr klar sehen konnte, dann wusste er, es war Zeit, ins Bett zu gehen. Mit der Tablette konnte er schlafen. Dennoch wollte er davon loskommen. Die angenehme und schnelle Wirkung dieser Droge machte es ihm nicht besonders leicht, aber er schaffte es schliesslich. Er übte lange mit der Formel:
Der Herr schlief überall und jeder Zeit und ohne Tablette,
ich kann es auch.
Der Mann ist ein strenggläubiger Katholik.

Eine 43jährige Hausfrau überwand die Einschlafschwierigkeiten mit der Formel:

Ich lasse los und falle
und schlafe ruhig und tief.

Angst, nicht durchzuschlafen und nicht ausgeschlafen zu sein

Ein 35jähriger Techniker legte sich abends immer um die genau gleiche Zeit ins Bett und schlief auch sofort ein. Er hatte also keine Einschlafprobleme. Dafür lag er jeden Morgen um 03.00 Uhr hellwach im Bett. Jede Anstrengung, noch zwei bis drei Stunden zu schlafen, machte ihn wacher und wacher. Deutlicher als sonst hörte er die Schläge der nahen Kirchenuhr. Das machte ihm richtig Angst. Er fürchtete, am nächsten Tag nicht ausgeschlafen und darum unkonzentriert am Arbeitsplatz zu sein. Tägliches Entspannen und die Formel, die er *tagsüber* eingab:

Ich schlafe bis sechs
ganz ruhig, tief und fest

halfen ihm, ohne zu erwachen, bis zum Morgen zu schlafen.

Es ist grundsätzlich falsch, das Schlafbedürfnis eines Menschen auf Stunden genau festzulegen. Die «normale» Schlafdauer liegt beim Erwachsenen wie gesagt zwischen sechs und neun Stunden. Im allgemeinen schlafen Menschen, die geistig arbeiten, länger als körperlich Arbeitende. Auch die Schlaftiefe ist sehr individuell, im allgemeinen ist sie am grössten in den Stunden vor Mitternacht und nimmt zum Morgen hin ab. Wie viele Stunden Schlaf ein Mensch braucht, weiss nur das Unbewusste, das alle Vorgänge leitet. Auch Eltern können nicht wissen, wie viele Stunden Schlaf ihre Kinder brauchen. Kinder haben ein eigenes Unbewusstes!

Ein Angestellter der Bundesbahn sollte zu verschiedenen Tages- und Nachtzeiten einen ruhigen und tiefen Schlaf finden. Sein Dienst am Bahnhof war so unregelmässig, dass er oft erst dann ins Bett gehen konnte, wenn andere bereits das Frühstück einnahmen. Zudem lag sein Häuschen seit dem Bau einer Autobahn an einer sehr verkehrsreichen, lärmigen Hauptstrasse. Er fand den ruhigen und tiefen Schlaf mit der Formel:

Schlafzeit und Verkehrslärm sind gleichgültig; ich schlafe.

Ein junger Swissair-Pilot hatte anfänglich Mühe, seinen Schlafrhythmus den jeweils veränderten Ortszeiten anzupassen. Auch das Schlafen in fremden Hotelbetten behagte ihm nicht. Mit dem Vorsatz:

Ich kann überall schlafen,

den er täglich mehrmals eingab, gelang es ihm, an allen Orten der Erde, in fremden Hotels, zu jeder beliebigen Zeit ruhigen und tiefen Schlaf zu finden.

Angst, nicht rechtzeitig zu erwachen

Wenn man einem Menschen in Hypnose um zehn Uhr morgens suggeriert, es sei Mitternacht, so beginnt sich der Hypnotisierte auszuziehen, legt sich hin und schläft. Das Unbewusste des Menschen hat ein perfektes Zeitgefühl. Kein Wunder, denn es ist kosmisch gelenkt! Wenn Sie abends die Zeit eingeben, zu der Sie am nächsten Morgen zu erwachen wünschen, so wird das Unbewusste den Weckprozess auf die Sekunde genau auslösen, vorausgesetzt, dass Sie richtig eingeben. Wer den Wecker stellt und dazu noch seinem Unbewussten die gewünschte Zeit eingibt, ganz in der Meinung, doppelt genäht halte besser, misstraut seinem Unbewussten. Er muss sich ganz auf den Wecker verlassen; das Unbewusste verträgt solche Doppelspiele nicht.

Oberarzt Dr. S. vertraute seinem Unbewussten ganz. Mit dem Vorsatz:

Ich lasse los und schlafe,

im Notfall bin ich sofort wach

konnte er überall tief und fest schlafen, sogar auf dem Rücksitz seines Autos, wenn seine Frau das Fahrzeug durch den regen Grossstadtverkehr lenkte. Wenn es einmal passierte, dass sie an einer Unfallstelle vorbeifuhren, an der vielleicht dringend ein Arzt gebraucht wurde, genügte die leise Bemerkung seiner Frau: «Ein Unfall», und Dr. S. war sofort hellwach, frisch und munter, bereit zu organisieren, zu helfen. Nach getaner Arbeit konnte er sich wieder auf den Rücksitz seines Fahrzeuges legen und sofort tief und fest weiterschlafen.

Angst vor dem «Morgentief»

Kurz vor dem Einschlafen sind wir besonders empfänglich für Suggestionen. Es ist darum wichtig, dass wir uns eingeben, wie wir am nächsten Morgen zu erwachen wünschen. Eine bewährte Formel lautet:

Beim Aufwachen fühle ich mich sehr wohl,
ganz heiter, und ich bin gut aufgelegt.

Wer mit diesen Gedanken einschläft, fühlt sich am nächsten Morgen, nach dem Schlaf, ganz allgemein sehr wohl, heiter und ist gut aufgelegt.

Leider gibt es noch sehr viele Menschen, die nicht gerne aufstehen. Sehr oft sind dies Leute, die Probleme haben und ihnen ausweichen möchten. Sie schlafen dann ein mit den Gedanken: «Wenn ich nur am nächsten Morgen nicht mehr erwachen müsste.» Hinter jedem Morgentief steckt dieser Gedanke!

Ein 40jähriger Architekt bezeichnete sich selbst als Abendmensch. Er schrieb sein Morgentief, vor dem er richtiggehend Angst hatte, dieser Tatsache zu. Es ist richtig: es gibt Abend- und Morgenmenschen. Es muss aber nicht sein, dass der Abendmensch am Morgen schlecht, miserabel aufgelegt ist. Der Architekt lieferte den Beweis. Täglich vor dem Einschlafen suggerierte er sich so lange, bis er einschlief:

Nach langem, tiefem Schlaf bin ich ganz fröhlich und frisch.

Er fühlte sich nach und nach auch am Morgen immer besser und besser. Als er die Zeit kurz nach dem Erwachen auch noch mit durch und durch positiven Gedanken ausfüllte, fühlte er sich wohl, heiter und gut aufgelegt. Er blieb ein typischer Abendmensch. Aber ein Mensch ohne Morgentief!

Angst vor Dunkelheit und Einsamkeit

Nicht nur Erwachsene, sondern besonders auch Kinder haben solche Ängste. Beiden Ängsten, der Angst vor der Dunkelheit und der Einsamkeit, ist das Vermissen einer geliebten Person gemeinsam. Ein Kind, das sich in der Dunkelheit ängstigte, hörte ich ins Nebenzimmer rufen: «Mutti, sprich doch zu mir, ich fürchte mich.» «Was hast du davon? Du siehst mich ja nicht», meinte die Mutter. Das Kind antwortete: «Wenn du sprichst, wird es heller, und ich fühle mich wohl.» Dunkelheit und Einsamkeit lösen Sehnsucht nach einer geliebten Person aus. Diese Sehnsucht in der Dunkelheit und Einsamkeit wird zur Angst vor Dunkelheit und Einsamkeit umgebildet. Ein 14jähriges Mädchen, ein Einzelkind, das grosse Angst hatte, wenn seine Eltern abends noch ausgingen, konnte diese Angst mit der Formel:

Muss es sein,
dann bleib' ich allein

vertreiben.

Die 9jährige Karin lebte mit ihrer geschiedenen Mutter allein. Sie konnte es lange Zeit nicht ertragen, allein gelassen zu werden. Ihre noch sehr junge Mutter wollte ab und zu abends ausgehen. Das Mädchen packte dann die Schlafsachen zusammen, ging aus der Wohnung, läutete bei den Nachbarn und bat, dort im Korridor auf dem Teppich schlafen zu dürfen. Auf die Dauer war dies ein unhaltbarer Zustand. Als ich das Mädchen auf seine Ängste ansprach, sagte Karin: «Ich weiss, ich sollte keine Angst haben. Ich habe aber Angst, so grosse Angst, dass ich zum Herrgott bete, er möge mir diese Angst doch wegnehmen. Er tut dies aber nicht. Was soll ich bloss machen? Wenn ich dem Herrgott nicht mehr vertrauen kann, habe ich nichts mehr auf dieser Welt. Warum hilft er mir nicht?»

Ich sagte Karin, dass sie grundfalsch bete. Da horchte sie auf. Ich erzählte Karin, die die Bibel sehr gut kannte, wie Jesus im Sturm im Schiff auf dem See Genezareth ruhig und tief schlief. Richtig beten heisse, sich vom Gedanken, dem Gebet, führen zu lassen, nicht zu zweifeln. Das machte Karin Eindruck. Jetzt konnte sie innerlich loslassen und mit dem Gedanken:

Der Herrgott ist immer bei mir,
alle Tage bis ans Ende der Welt
ruhig und tief schlafen.

Es kommt immer nur darauf an, dass man sich von einem guten Gedanken *bedingungslos führen lässt!* So ist der gute Gedanke der beste Begleiter, er lässt einen nie im Stich.

Angst vor bösen Träumen

Natürlich gibt es Wahrträume. Das steht schon in der Bibel. Das Unbewusste eines Menschen spricht ja in Träumen, und sehr oft, wie Sie bereits an anderer Stelle dieses Buches lesen konnten, teilt uns das Unbewusste in Träumen Wichtiges mit. Viele Menschen haben widerliche Angstträume. Sie haben keine Lust, diese lange zu analysieren. Sie wollen diese Träume so rasch als möglich loswerden.

Eine 30jährige Hostess hatte Nacht für Nacht den gleichen widerlichen Angsttraum, der sie mitten in der Nacht aus ihrem tiefen Schlaf riss. Sie sah im Traum einen Pferdekopf, der grösser und grösser wurde. Riesengrosse Pferdeaugen starrten sie im Traume an. Mit einem Schlag lag sie hellwach in ihrem Bett. Sobald sie sich etwas beruhigt hatte und wieder einschlief, plagte sie der gleiche Traum. Sie befreite sich von ihm mit der Sondersuggestion, die sie vor dem Einschlafen eingab:

Träume sind gleichgültig;
ich schlafe durch bis morgen früh.

Ein Wirtschaftswissenschaftler erlebte sich im Traum oft am Boden festgeklebt. Das ängstigte ihn jeweils derart, dass er aufwachte. Er bekam richtiggehend Angst vor diesen Träumen. Dann übte er Entspannung. Einmal, als er mit der Sondersuggestion:

Loslassen, loslassen, loslassen ...

eingeschlafen war und bald darauf im Traum am Boden festklebte, kam ihm im Traum der Gedanke «Loslassen, loslassen». Und er wirkte. Der Traum verschwand. Seither hatte er diesen Traum nie mehr.

Angst, bis die Kinder zu Hause sind

Frau M., Mutter von drei fast erwachsenen Töchtern, hatte einen leichten Schlaf. Und sie konnte nur dann schlafen, wenn alle Töchter zu Hause waren. Solange sie eine ihrer Töchter nicht im Schlafzimmer wusste, fand sie keinen Schlaf, auch am Wochenende nicht, wenn den Mädchen längerer Ausgang erlaubt war. Am meisten ärgerte sie aber, dass der Vater der Kinder ruhig, tief und fest schlafen konnte, während sie wachte und horchte, bis sie die Töchter auf ihre Schlafzimmer gehen hörte. Es half auch nicht, dass die Mädchen ihrer Mutter immer wieder versicherten, vorsichtig zu sein, und sie baten, sich doch keine Sorgen zu machen. Erst als sie täglich Entspannung übte, half ihr die Formel:

Ich vertraue den Mädchen und lasse sie los.

Angst vor Alter, Krankheit und Tod

Die Beschwerden und Sorgen des Alters schafft sich jeder selbst in seinen jungen Jahren. Solange wir noch jung sind, betonen wir, dass wir noch jung sind. «Ich bin ja noch jung!» ist nur eine der typischen Jugendbemerkungen. Solche und ähnliche Gedanken können die unterschwellige Angst vor dem Alter nicht verdecken. Damit werden in jungen Jahren Altersängste im Unbewussten deponiert. Solche Gedanken wirken posthypnotisch. Wenn wir älter sind, die Falten im Gesicht zahlreicher werden, ein guter Freund Anspielungen auf das Alter macht, kommen die im Unbewussten gespeicherten Ängste zum Ausdruck. Jeder versucht sie verständlicherweise so lange als möglich abzuwehren, zu verdrängen. An der Geburtstagsfeier, der eigenen oder der anderer, an alljährlich sich wiederholenden Festlichkeiten sparen wir ganz besonders nicht mit Anspielungen auf das Alter. Der eine betont, wie jung er im Vergleich zu andern noch ist. Der andere hebt hervor, wie jugendlich er sich in seinem Alter noch fühlt. Im Grunde aber geht es allen gleich. Als Jugendlicher wartet man darauf, bis man endlich erwachsen ist, bis man jenes Alter erreicht hat, in dem die Erzieher nichts mehr zu sagen haben sollen. 35jährige, 50jährige Menschen erscheinen im jugendlichen Übermut alt.

Wer selbst dieses Alter schon erreicht oder überschritten hat, sieht die Dinge plötzlich ganz anders. Er will nicht zu den Alten gehören. Manchmal geben Menschen bereitwillig Auskunft über das Konto der Altersangst, etwa mit der Bemerkung: «Jetzt bin ich auch schon …, bald bin ich …, es geht jetzt immer schneller …, so und so viele Dienstjahre habe ich bereits auf dem Buckel … usw.». Älter werdende Menschen haben alle das gleiche Gefühl; das Gefühl nämlich, dass die Jahre nur so dahinfliegen. Haben alle Angst vor dem Alter? Gewiss! Der eine zeigt sie, der andere verdrängt sie. Kein Mensch will wirklich alt werden. Nie fällt der Ausspruch: «Man müsste 80 sein!» Dagegen oft die Bemerkung: «Man müsste eben nochmals 20 sein.» Jugendliche sagen: «Ich will auf keinen Fall älter als … werden», «Ich will nicht alt werden!»

Kein Mensch will alt werden. Und warum? Weil wir Menschen alle auf jene «dunkle Wand» zugehen, die das Ende des körperlichen Lebens bedeutet, und wir wissen nicht, möchten es aber gerne wissen, was uns hinter jener Wand alles erwartet. Es gibt noch einen andern Grund: wir sehen täglich die Beschwerden und Sorgen, die alte Leute haben. Das ist für viele Menschen Grund genug, das Leben mit allen Registern zu geniessen, so lange wie möglich.

Dennoch: alt werden ist unser Schicksal, sofern wir nicht schon in jungen Jahren das Leben beenden müssen. Aber alt werden ist nicht notwendigerweise mit Beschwerden und Krankheit verbunden. Das ist eine ganz üble Suggestion, die, wie bereits gesagt, ihre Wurzeln in sehr jungen Jahren geschlagen hat. Viele Alterskrankheiten, Altersprobleme, Sorgen und Nöte sind einsuggeriert. Wer sich solches einsuggeriert, darf nicht erwarten, kerngesund zu sein und zu bleiben. Alt sein ist nicht notwendigerweise mit Krankheit und Sorge verbunden. Es gibt steinalte Menschen, die sich noch bester Gesundheit erfreuen und voll Lebensfreude sind. Gewiss, das sind die Glücklichen. Viele könnten noch zu diesen gehören, würden sie nicht ständig durch negative Suggestionen sich selbst das Leben schwer machen.

Angst macht krank. Wer nicht auf der Hut ist, besonders mit zunehmendem Alter, und sich nicht täglich auf eine positive Grundeinstellung bringt, muss darauf gefasst sein, dass sich Gedanken an Krankheit, Gebrechen, Sorgen und Nöte, die irgendwann einmal im Leben eingegeben wurden, ganz plötzlich, aber mit voller Wucht verwirklichen. Wir müssen immer damit rechnen, dass sich Ängste, frühere Ängste, posthypnotisch bemerkbar machen. Dem kann und soll man gezielt entgegenwirken. Wer z. B. mehrmals täglich das Sprüchlein:

Es geht mir mit jedem Tag
in jeder Hinsicht immer besser und besser

richtig eingibt, kann sicher sein, dass es ihm mit jedem Tag in jeder Hinsicht immer besser und besser geht.

Der Tod ist die natürlichste Sache der Welt; jeder weiss das. Nur die Gesunden haben Angst vor dem Tod. Menschen, die kurz vor der körperlichen Beendigung des Lebens sind, haben in der Regel keine Angst vor dem Tod. Viele wünschen ihn sogar herbei. Warum sollen wir uns im Leben Angst vor etwas machen, vor dem wir, wenn es unmittelbar bevorsteht, keine Angst mehr haben, auch dann nicht, wenn wir in dieser Stunde bei vollem Bewusstsein sind?

Jeder ist für einen kurzen Besuch da. Eigentlich weiss er nicht, wofür. Manchmal glaubt er, es zu fühlen. Merkwürdig nur, wie schwer sich Menschen diesen kurzen Besuch auf der Welt selbst machen. Wer in der Zeit seines Daseins die Wesenszüge

Geduld, Liebe, Friede, Harmonie

in sich lebendig erhält, bleibt im Geiste immer jung. Denn dies sind doch Charakterzüge, die niemals alt werden!

Angst, den Kopf unter Wasser zu halten – das ist doch alles Einbildung

Ein 10jähriger Knabe konnte seinen Kopf nicht unter Wasser halten. Zu Hause in der Badewanne, aber auch im Schwimmbad achtete er mit aller Sorgfalt darauf, dass sein Kopf nie unter Wasser kam. Da halfen auch gutgemeintes Zureden des Vaters oder die Ratschläge der Mutter nichts. Auch der Lehrer brachte im Schulschwimmen den Knaben nicht dazu, seinen Kopf unter Wasser zu halten, keine einzige Sekunde. Einmal versuchte der Vater, das Kind zu überraschen. In den Badeferien am Mittelmeer. Er schlich sich von hinten an den

Knaben heran, der bis an die Hüfte im Wasser stand und andern Kindern zu-
schaute. Der Vater wollte seinem Sohn die Füsse wegziehen, damit er ins Wasser
fallen und dabei zum ersten Mal den Kopf untertauchen sollte. Schlimmes konnte nach der Meinung des Vaters dabei nicht passieren.

Es wurde nichts daraus! Der sogenannte sechste Sinn warnte den Knaben.
Noch bevor der Vater den Sohn berührte, drehte sich dieser um, durchschaute
die Absicht des Vaters und begann verzweifelt zu schreien. Er schrie um Hilfe!
So, dass viele Badegäste entsetzt aus ihren Liegestühlen aufsprangen. Darauf
liess der Vater von seinem Vorhaben ab. «Das ist doch alles nur Einbildung»,
schimpfte der Vater.

Er hat recht: es ist Einbildung!

Was sind Einbildungen? Einbildungen sind durchaus ernst zu nehmen. Sie zeigen die Macht der Autosuggestion sehr deutlich. Wenn wir in der Umgangssprä-
che meinen, es seien «bloss» Einbildungen, so wollen wir damit sagen, dass hinter den Symptomen glücklicherweise kein organisches Leiden, sondern eben nur
eine Suggestion steckt. Doch können Einbildungen ebenso belastend sein wie
Krankheit. Und weil Einbildungen Autosuggestionen sind, können Einbildungen
nur autosuggestiv und nicht etwa durch gute Gedanken oder Ratschläge, durch
Zureden beseitigt werden. Der Ausruf «Oh, das bildest du dir alles ein!» hat
noch niemanden von einer Einbildung befreien können. Im Gegenteil! Er verstärkt das Symptom. Das kann Eltern und Erzieher, Menschen, die es gut
meinen, zur Verzweiflung bringen. Solange jemand die gutgemeinten Rezepte
wie «du musst nur wollen …, du musst nur nicht denken …» nicht annimmt,
nicht annehmen kann, bleibt der Erfolg aus, auch dann, wenn der Helfer von der
Richtigkeit seines Gedankens felsenfest überzeugt ist. Die Betroffenen müssen
überzeugt sein! Und erst die richtige Anwendung der *Autosuggestion*, wie sie im
ersten Teil dieses Buches ausführlich beschrieben ist, beseitigt das Übel. Von
Einbildungen kann sich im Grunde nur jeder selbst befreien.

Wie kommt man überhaupt zu solchen Einbildungen? Der wasserscheue Knabe
wurde nach seinen Ferien einer Behandlung zugeführt. Die wahre Ursache
seiner Angst war bald gefunden: Trennungsangst! Mit der Überwindung dieser
Angst und dem formelhaften Vorsatz

Ich bin mutig und frei
und halt' den Kopf ins Wasser,
was ist schon dabei,

den er täglich mehrmals eingab, löste sich das Problem von selbst. Ganz aus *eigenem Antrieb hielt* er eines Tages seinen Kopf unter Wasser. Die Freude war riesengross! Er erzählte es allen Freunden und Bekannten; seine Schulkameraden sprachen es herum.

Angst vor Übelkeit und Erbrechen beim Autofahren

Ein Vater wollte mit seiner sechsköpfigen Familie einen Sonntagsausflug machen. Das neue Auto sollte eingefahren werden. Der Ausflug kam aber schliesslich nur zustande, weil die ganze Familie hoch und heilig versprach, Marie-Belle, die jüngste Tochter, auf der ganzen Fahrt auf dem Mitfahrersitz, also vorn im Auto, mitfahren zu lassen. Marie-Belle, das wusste die Familie, erbrach sich sofort, wenn sie auf den Rücksitz zu den andern Kindern gesetzt wurde. Einmal wollte der Vater, wie er sagte, dem Kind sein «Köpfchen» brechen. Trotz heftiger Gegenwehr wurde das Mädchen hinten ins Auto gesetzt.

Zwei Stunden darauf putzte die Mutter das Innere des Autos heraus. Kein Wunder, dass sie von jetzt an darauf bestand, dass Marie-Belle bei Autofahrten auf dem Mitfahrersitz Platz nehmen durfte. Der Vater und die anderen Kinder aber waren sich einig: Irgendwann musste Marie-Belle diese Flause aus dem Kopf getrieben werden; es war doch bloss Einbildung! Immer wieder redete die ganze Familie auf das Mädchen ein. Besonders der Vater versuchte stundenlang, Marie-Belle zu überreden. Er meinte, was den andern Kindern möglich sei, könne sie doch auch. Marie-Belle selbst hatte keine Erklärung für das Übelwerden. Sie wusste bloss, dass es ihr übel wurde. «Glaubt ihr», schrie sie oft der ganzen Familie entgegen, «es mache Spass, immer um den Platz im Auto kämpfen zu müssen? – Ich kann nun einmal nicht hinten im Auto sitzen!»

Marie-Belle löste sich später selbst vom Gedanken, der sie beherrschte, mit dem Sätzlein
Ich sitze hinten
frei und froh.
Und am meisten freute sich Marie-Belle selbst, als sie sich endlich auch hinten im Auto frei und wohl fühlen konnte.

Bauchschmerzen und Übelkeit als Folgen der Angst

Die 12jährige Susi war eine recht gute Schülerin. Zur Schule ging sie offensichtlich auch sehr gern. Nur manchmal konnte sie nicht. Grund: Bauchschmerzen, Übelkeit. Der behandelnde Arzt war ratlos. Welche Ursache hatten die Bauchschmerzen und die plötzliche Übelkeit? Die Symptome waren autosuggestiv herbeigeführt. Und der Grund dafür war auch bald gefunden. Susi war in der Schule sehr ehrgeizig, sie wollte immer zu den Besten gehören. Wenn sie ihrer Sache nicht ganz sicher war, wollte sie der Schule fernbleiben; eine Note unter 5,5 bedeutete für Susi Blossstellung. Hätte Susi den Eltern dies erzählt, hätten sie die Begründung für lächerlich gehalten und Susi gezwungen, in die Schule zu gehen. Jetzt kam Susis Unbewusstes zur Hilfe, das Schule nicht für etwas Lebensnotwendiges hält; um zu überleben, braucht man ja nicht unbedingt Schulbildung. Es nahm Susis Gedanken auf und formte daraus das Symptom des Bauchschmerzes, der Übelkeit. Das überzeugte! Allerdings nur so lange, bis der behandelnde Arzt mit seiner Feststellung, es fehle dem Kind körperlich nichts, Susis Komplize, ihr Unbewusstes, entlarvte.

Schliesslich beseitigte Susi diese üble Autosuggestion mit der Formel:

Ich fühle mich in der Schule sicher und frei.
Die Note spielt überhaupt keine Rolle dabei.

Und wenn Bauchschmerzen und Übelkeit wieder einmal aufkommen wollten, wiederholte Susi ungemein schnell, aber ohne Willensanstrengung

Es geht weg, weg, weg …

so lange, bis die Anzeichen von Schmerz und Übelkeit weg waren.

Bauchschmerzen und Übelkeit plagten eine 24jährige Studentin immer dann, wenn sie im Zug mit dem Rücken zur Maschine fahren sollte. Wenn sie einen Zug bestieg, schaute sie sich nervös nach einer passenden Sitzgelegenheit um. Auf langen Bahnfahrten, wenn sie nicht stehen wollte, überwand sie sich manchmal und fragte einen andern Reisenden, ob es ihm etwas ausmache, auf die andere Seite der Sitzbank zu wechseln, auf der noch ein Platz frei war. Die meisten Leute kamen ihrem Wunsch spontan nach, aber nicht ohne ihr einen fragenden Blick zuzuwerfen.

Wer von solchen oder ähnlichen Einbildungen geplagt wird, muss immer wieder erleben, was ihm seine Nerven vorspielen. Andere können das nicht verstehen, und sie wollen es auch nicht. Für «eingebildete Kranke» hat man im allgemeinen höchstens ein mitleidiges Lächeln übrig. Dabei hat jeder so seine Einbildungen. Der eine fühlt sich erst dann richtig wohl und arbeitsfreudig, wenn er seinen starken Morgenkaffee getrunken hat. Aber ein starker Kaffee muss es sein. Der andere lässt sich durch einen Kräutertee in Schwung bringen. Manche haben einen schlechten Tag, weil sie mit dem linken Bein aufgestanden sind; manchen geht es gerade deswegen besonders gut.

All diese Einbildungen haben folgendes gemeinsam: sie werden nicht als Einbildungen, sondern als Tatsachen hingestellt. Wenn man jemandem sagt: «Das bildest du dir alles bloss ein!», so entgegnet er in der Regel spontan: «Nein, ich weiss es!» Das stimmt! Wer einmal eine schlaflose Nacht hatte, weiss, dass er schlaflose Nächte haben kann. Wer bei einer Prüfung durchgefallen ist, weiss nun, dass er bei Prüfungen durchfallen kann. Wer bei bestimmten Gelegenheiten Kopfschmerzen verspürt, weiss, wann er Kopfschmerzen verspüren muss. Wer im Sport gegen einen bestimmten Gegner verlor, weiss, dass er gegen diesen Gegner verlieren kann. Eigenartig nur, dass der «Eingebildete» nicht auf den Gedanken kommt, es könnte sich mit der Zeit auch etwas ändern. Aber gerade das ist ja typisch für suggestiv wirkende Gedanken. Was suggestiv wirkt oder wirken soll, darf keiner kritischen Kontrolle unterzogen werden.

Zum Beispiel im Sport: Ist denn eine Mannschaft nach Jahren noch die gleiche? Sind nicht ganz andere Spieler dabei? Sind die Verhältnisse denn immer genau gleich? Gewiss nicht! Dennoch spricht man jahrzehntelang vom ganz bestimmten Angstgegner! Die Quellen zu sehr vielen Einbildungen sind vor Jahrtausenden entsprungen und von den Eltern jeweils den Kindern übertragen worden. Auch heute noch trinken wir aus diesen Quellen. Nebel, Feuchtigkeit, Gewitterluft, Sonnenstrahlen oder Zementböden, gewisse Arbeiten im Garten, im Haushalt, das Bücken im Keller sollen schuld sein, dass man diese oder jene Beschwerden verspürt. Das mag in gewissen Fällen bestimmt die Ursache sein. Oftmals aber sind es überlieferte Einbildungen.

Einbildungen sind Autosuggestionen. Jeder kann sich von lästigen Einbildungen, Autosuggestionen also, befreien. Die allgemeine Formel:

Es geht mir mit jedem Tag
in jeder Hinsicht besser und besser

bringt Sie in eine positive, gehobene innere Stimmung; die gezielte Formel:

Ich fühle mich gelöst und frei (von jeder Angst und Einbildung)

treibt jede lästige Einbildung, egal wie alt diese ist, mit der Zeit aus dem Kopf.

Angst vor Zugluft und Temperaturschwankungen

Eine achtköpfige Familie wanderte während einer Zugfahrt von Wagen zu Wagen, weil die Mutter, die nicht die geringste Zugluft vertragen wollte, einen Sitzplatz in einem Wagen zu finden hoffte, in dem alle Fenster geschlossen waren. Das ist aber im Hochsommer, wenn Kindergruppen reisen, fast unmöglich. Am nächsten Morgen hustete sie prompt und schwor sich, keine Zugreisen mehr zu machen. Auch das ist fast unmöglich!

Viele Menschen sind gegen Zugluft empfindlich, manche gar überempfindlich. Wenn vier in einem Auto fahren, dann gibt es im strengen Winter keine Frage: die Fenster des Wagens bleiben geschlossen. Bei sommerlicher Hitze aber will der eine die Fenster des Autos ganz offen haben, der andere nur halb, und ein dritter hat Angst, sich durch Zugluft zu erkälten, und besteht darauf, dass die Fenster geschlossen bleiben. So ist es auch mit den Fenstern der Wohnung. Manche schlafen gern bei offenem Fenster, andere wiederum bevorzugen die offene Schlafzimmertür, bestehen aber auf geschlossenen Fenstern während der Nacht.

Die Angst, sich durch Zugluft erkälten zu müssen, ist eine üble Suggestion. Zugluft, niedrige und hohe Temperaturen brauchen uns nicht zu stören. An Zugluft kann man sich genauso gewöhnen wie an Temperaturschwankungen. Das soll jetzt nicht heissen, dass man sich jeder Zugluft auszusetzen hat. Aber es gibt Situationen, und in eine solche kann jeder von uns jederzeit kommen, in denen man gegen «Erkältungskrankheiten» oder banale Infektionen abgehärtet sein muss. Ein Soldat wird nicht lange gefragt, ob er auf Zugluft empfindlich reagiere. Bei Manövern seiner Truppe hat er auf offenen Lastwagen mitzufahren. Da hilft ihm dann nur noch die Sondersuggestion:

Zugluft ist ganz gleichgültig.

Wer Reisen in tropische Länder unternimmt, muss sich den dortigen Klimaverhältnissen anpassen, den Klimawechsel ertragen. Das ist ohne weiteres auch möglich; denn an Temperaturschwankungen kann man sich so gewöhnen, dass man praktisch völlig unabhängig von der Aussentemperatur ist. Sowohl in extrem heissen als auch in sehr kalten Klimagebieten der Erde kann der Mensch problemlos und beschwerdefrei extreme Klimaschwankungen ertragen. Die persönliche Einstellung, und nicht die Temperatur, die in einer Gegend herrscht, bestimmt weitgehend unser Wohlbefinden und die Hautreaktionen. Das lässt sich besonders gut durch Hypnoseversuche beweisen. Wird einer Person im strengsten Winter in Hypnose extreme Hitze suggeriert, so wird es bei dieser Person zu entsprechenden Schweissabsonderungen kommen, auch im Winter. Nach diesem Prinzip funktioniert übertriebene Wetterfühligkeit und Wetterempfindlichkeit. Es gibt Menschen, die schon frösteln, wenn sie den Wetterbericht am Radio hören. Und wenn es heisst: «Die Grippe geht um!», so «nehmen» so und so viele Menschen diese Grippe.

Vor Zugluft, Temperaturschwankungen braucht man keine Angst zu haben; richtige Anwendung der Autosuggestion bringt die gewünschte Abhärtung.

Ein deutscher Arzt wollte und konnte den Beweis erbringen. Er übte bis zur praktisch völligen Unabhängigkeit von der Aussentemperatur allerdings einige Jahre. Zuerst liess er bei Kälte Hut und Mütze fort, suggerierte sich aber:

Ohren, Nase und Kopfhaut sind und bleiben angenehm warm.

In einer weiteren Angewöhnungsstufe liess er immer häufiger auch den Mantel fort. Er ersetzte diesen durch die Sondersuggestion:

Die Haut ist angenehm warm, Kälte ganz gleichgültig.

Ein Frieren erlebte er bald nicht mehr. Selbst ein kühles Arbeitszimmer wirkte bei entspanntem Sitzen nicht unangenehm. Seine Handschuhe ersetzte er durch die Formel:

Die Hände bleiben angenehm warm.

Und schliesslich war er so trainiert, dass die Temperatureinstellung völlig automatisch erfolgte. Nach jahrelangem Training war er praktisch ganz unabhängig von der Aussentemperatur. Bei jeder Aussentemperatur konnte er sich wohl fühlen. Er ertrug nicht nur die Kälte, sondern auch die Hitze bedeutend besser als Leute, die autosuggestiv nicht trainiert waren.

Ein in Saudiarabien tätiger Schweizer Techniker übt täglich Entspannung. Und er macht sich das Alltagsleben bei manchmal 50° C im Schatten angenehm mit der Formel:

Ich fühle mich angenehm ruhig, kühl und wohl;
ein bisschen Schwitzen ist gesund.

Hypochondrische Angst

Hypochondrisch ist ein Mensch, wenn er harmlose Beschwerden überbewertet, übertrieben ängstlich und klagsam ist. So ein Mensch war Herr K., beruflich sehr erfolgreich, aber mit krankhafter Neigung zur Selbstbeobachtung. Verspürte er ein unangenehmes Gefühl unter den Rippen, sprach er sofort von Krebs. Am sichersten fühlte er sich noch im Wartezimmer des Hausarztes. Der Hausarzt untersuchte ihn sehr gründlich. Obwohl ihm körperlich nichts fehlte, steigerte er sich bei der kleinsten Körperempfindung in die Angst vor schwerster Krankheit. Von dieser Angst befreite er sich schliesslich mit der Formel:

Es geht mir mit jedem Tag
in jeder Hinsicht immer besser und besser;
ich vertraue dem Arzt.

Krebsangst

Von ihrer wahnhaften Vorstellung, krebskrank zu sein, befreite sich ein 19jähriges, kerngesundes Mädchen mit der Formel:

Ich liebe das Leben.

Angst vor Bazillen

Eine jetzt 70jährige Frau fühlte sich seit Jahren fast schon im Sinne von Wahnvorstellungen von Bazillen bedroht. Das war der Grund ihres ständigen *Waschzwanges*. Ihr Hang zur Sauberkeit war krankhaft. Tägliches Entspannen mit der Formel:

Es geht mir mit jedem Tag
in jeder Hinsicht immer besser und besser
normalisierte ihren Zustand.

Platzangst

Ein 9jähriges Mädchen hatte panische Angst vor bestimmten Plätzen. Besonders vor dem Bahnhofplatz. Über diesen Platz musste es getragen werden. Als die Mutter einmal versuchte, das Mädchen über diesen Platz zu führen, fiel es plötzlich an der Hand der Mutter um in Ohnmacht. Der Ursache dieser Angst wurde nachgegangen; der Zustand besserte sich, als sich das Mädchen selbst beeinflusste mit der Formel:

Ich fühle mich überall sicher und frei,
Angst ist keine dabei.

Angst, allein auf die Strasse zu gehen

Frau M. litt an ängstlicher Erwartung. Bei jedem Hustenstoss ihres Mannes dachte sie an Lungenentzündung und sah im Geiste seinen Leichenzug vorüberziehen. Wenn sie auf dem Weg nach Hause Personen vor ihrer Haustür beisammenstehen sah, konnte sie sich des Gedankens nicht erwehren, dass jemand aus dem Fenster gestürzt war. Schliesslich getraute sie sich nicht mehr allein auf die Strasse. Eine ihrer Töchter sollte sie immer begleiten. Als sie mit der allgemeinen Suggestion:

Es geht mir mit jedem Tag
in jeder Hinsicht immer besser und besser

üben konnte, besserte sich ihr Allgemeinzustand nach und nach. Sie war bald weniger reizbar, die ängstliche Erwartung, ihre Neigung zu pessimistischer Auffassung der Dinge klangen deutlich ab.

Angst mit Schwindelanfällen

Ein kaufmännischer Lehrling bekam auf seinem Heimweg ein eigentümliches Missbehagen. Er hatte plötzlich das Gefühl, der Boden woge unter seinen Füssen. Plötzlich hatte er Angst, mit den Beinen im Boden zu versinken. Seine Beine zitterten und drohten einzuknicken. Er hatte dieses Missbehagen wiederholt. Zum Hinstürzen führte dieser Schwindel nie. Er übte Entspannung mit der Formel:

Ich fühle mich sicher und wohl,
frei von jeder Angst.

Heute hat er keine Schwindelanfälle mehr.

Angst vor Schlangen und Gewittern

Angst vor Schlangen und Gewittern haben vorwiegend Kinder. Wer von Schlangen träumt, hat nicht selten eine zu enge Mutterbindung. Das jedenfalls war bei Maria, 8jährig, der Fall. Sie hatte so grosse Angst vor Schlangen, dass sie nachts schweissgebadet aufwachte und schrie: «Mami, nimm die Schlangen weg!» Die rasch herbeigeeilte Mutter konnte aber keine Schlangen finden. Das konnte Maria nicht verstehen. «Siehst du, dort!» sagte Maria ängstlich und zeigte auf einen Punkt am Fussboden. Die Mutter sah keine Schlange.

Die Eltern hefteten ein grosses Plakat an die Zimmerdecke. Im Bett liegend las Maria auch im schwachen Schein ihres Nachtlichtes immer wieder den Spruch:

Ob Schlangen und Gewitter,
ich bleibe ruhig und frei.

Einen Zettel mit dem gleichen Spruch klebte Maria später auf ihr Schuletui. Er half!

Angst vor geschlossenen Räumen

Es ist eine Binsenwahrheit: Ängstliche Mütter haben ängstliche Kinder. Mayas Mutter hatte zwar keine Angst vor Schlangen und Gewitter, in geschlossenen Räumen aber bekam sie Herz- und Atemstörungen, Schweissausbrüche. Im Theater oder Kino musste sie den Stuhl direkt beim Notausgang haben.

Ihr half schliesslich die Formel:

Was immer auch sei,
ich bleibe ruhig und frei.

Höhenangst

Wer nicht ohne Angst von grosser Höhe, von einer Brücke, einem Berg, dem Fernsehturm usw. hinuntersehen kann, hat im allgemeinen die unbewusste Absicht, sich hinunterzustürzen. Wer auf grosser Höhe beim Hinunterschauen die Formel richtig eingibt:

Ich fühle mich sicher und frei,
ich gucke hinunter, und nichts ist dabei

hat seine Höhenangst schlagartig beseitigt.

Nächtliches Aufschrecken mit Angst

Bis Herr M. K. mit der Formel

Ich schlafe ohne Angst
ganz ruhig und tief

üben konnte, kam es oft vor, dass er nachts aufschrak, schweissgebadet mit Atemnot und Angst durch die Wohnung taumelte, sich nach geraumer Zeit wieder ins Bett legte, aber keinen Schlaf mehr finden konnte.

Angst mit Anfällen von Heisshunger

Wer gierig, heisshungrig isst, hat im Grunde immer Angst. Die Formel:
Ich esse ruhig und langsam
kann «Wunder» wirken.

Angst unter vielen Menschen

Eine Schülerin bekam im überfüllten Bus, immer wenn sie unter vielen Menschen war, ein eigentümlich beklemmendes Gefühl, Angst, Herzklopfen und Atemstörungen. Ihr half das Sprüchlein:
Ich bin unter Menschen
ganz fröhlich und frei.

Angst, in der Erziehung alles falsch zu machen

Die Eltern eines Einzelkindes hatten von Anbeginn an Angst, in der Erziehung alles falsch zu machen. Und sie machten es falsch!

Ein Vater wollte seinem Sohn die elektrische Eisenbahn erklären. Je mehr sich der Vater, technischer Angestellter, bemühte, desto verstörter wurde das Kind. Schliesslich kam es zu Meinungsverschiedenheiten zwischen Vater und Mutter, was die Erziehung dieses Jungen anbetraf. Das Kind war dann derart gestört, dass es dem normalen Schulunterricht nicht mehr folgen konnte. Es musste die Klasse wiederholen. Die Eltern halfen und stützten das Kind. Sie übten mit ihm, bis zur Erschöpfung, Rechnen, Lesen, Schreiben. Aber der Knabe konnte dem Schulunterricht nicht folgen. Je mehr sich die Eltern abmühten, desto schlechter wurde das Kind in der Schule. Kein Wunder!
Dem Kind fehlte die *eigene Erfahrung* immer mehr. Nur die Selbsterfahrung kann eine Persönlichkeit aufbauen. Selbsterfahrung aber ist nicht übertragbar. Erfahrung muss jeder selbst machen, machen können, auch ein Kleinkind. Ein Vater kann seine Erfahrungen, die er mit elektrischen Eisenbahnen gemacht hat, nicht ohne weiteres auf sein Kind übertragen. Das Kind muss seine eigene Erfahrung damit machen können.
Wenn Kinder von den Gedanken ihrer Eltern, selbst wenn diese richtig sind, nicht ergriffen werden, ist Erziehung bloss noch Dressur. Gegen Dressur wehrt

sich verständlicherweise jedes Kind. *Dressierte Kinder* müssen früher oder später versagen.

Die Eltern dieses Knaben wurden einsichtig. Sie übten *Selbstentspannung* und mit der Sondersuggestion:

Ich gebe dem Kind Sicherheit

kam die normale Entwicklung des Knaben nach und nach wieder in Gang. Wer selbstsicher ist, erzieht im allgemeinen richtig. Ich werde darüber in einem speziellen Kapitel dieses Buches ausführlich berichten.

Angst im allgemeinen

Wer Angst hat, denkt negativ. Wenn sich leise oder stärkere Angstgefühle in die Scheu vor einer Handlung mischen, wirkt das Eingeben eines *kurzen, persönlichkeitsgerechten, positiven* Sprüchleins wie:

Ich bin ruhig und frei (von jeder Angst)

«Wunder». Denn es stoppt nicht nur den gefährlichen Fluss negativer Gedanken, die alles verschlimmern; vielmehr führt es jene positive, gehobene innere Stimmungsgrundlage herbei, in der alle Probleme und Schwierigkeiten überschaubar, lösbar erscheinen.

3. Wie man sich von lästigen Gewohnheiten und Zwängen befreit

Schnarchen

Ärgern Sie sich auch, wenn jemand schnarcht und Sie deswegen nicht schlafen können? Als zwei Familien miteinander in Italien in den Ferien weilten, schnarchte eines der Mädchen, die 10jährige Sabine, nachts so laut, dass das ganze Haus erwachte. Zuerst wunderten sich alle, die durch den Lärm geweckt wurden, was das wohl für ein Geräusch war. Niemand hatte geglaubt, dass ein 10jähriges Mädchen ein solches «Schnarchgeknatter» hervorbringen könnte. Dann ärgerten sie sich, weil sie bei diesem Lärm keinen Schlaf mehr finden konnten. Schliesslich stellte sich der Vater direkt vor das Bett seiner Tochter und sagte ruhig und bestimmt: «Sabine, aber Sabine!» Die Tochter war augenblicklich still. Wenige Minuten später aber schnarchte sie noch lauter.

Das Schnarchen ist häufig Folge vertiefter Entspannung. Eine wirksame Sondersuggestion für alle Angehörigen wäre die Formel:

Schnarchen ist gleichgültig,

ich schlafe.

Sie wird aber nur selten angewandt! Man wünscht vielmehr, das störende Geräusch möge endlich aufhören.

Eine junge Ehefrau, deren Gatte nachts schnarchte, so dass sie davon geweckt wurde, machte es so: sie streichelte ihren Mann zärtlich über den Rücken.
Das Schnarchen ging sofort in ein für sie angenehmes «Schnurren» über, bei
dem sie gut wieder einschlafen konnte.

Ein Architekt aus Zürich beseitigte sein Schnarchen zur Freude seiner Frau
durch Autosuggestion, er übte Entspannung und mit der Formel:

Ich schlafe ruhig und tief und ohne Schnarchen.

Ein Schulinspektor schnarchte lange Zeit nachts wie ein Pressluftbohrer. Seine
Frau machte ihn ärgerlich darauf aufmerksam, dass er schnarche. Er glaubte ihr
nicht. Nun wollte sie es ihrem Mann beweisen. Sie stellte ein Tonbandgerät unter
sein Bett, wartete und schaltete es ein, als das Schnarchkonzert wieder losging,
das ihr den Schlaf raubte. Widerstrebend hörte er sich am nächsten Morgen das
Band an. Trotzdem blieb er bei der Behauptung, dass er nicht schnarche. Er sagte, das sei nicht er, der auf diesem Band schnarche. Zornig rief er schliesslich
aus:

Ich schnarche nicht!

Das war eine einmalige Sondersuggestion, die einschlug. Nach dieser Tonband-
aufzeichnung schnarchte er nie wieder!

Nächtliches Zähneknirschen

Die 25jährige Handarbeitslehrerin K. erfreute sich eines gesunden Schlafes. Sie
wurde von keinen Angstträumen geplagt und schnarchte nicht. Sie hatte ein
ganz anderes Übel, das zwischen ihr und ihrem Ehemann spannungsgeladene
Diskussionen auslöste. Sie knirschte nachts mit den Zähnen. Ein Geräusch, das
den jungen Ehemann auf die Palme bringen konnte. Die Lehrerin übte Entspannung und beseitigte schliesslich das nächtliche Zähneknirschen mit der Formel:

Unterkiefer bleibt nachts ruhig und schwer.

Nächtliches Zähneknirschen ist nicht nur ein lästiges Geräusch, es ist auch schädlich für die Zähne!

Nägelkauen

In einer Familie mit drei Töchtern kauten der Vater und die Töchter ihre Nägel. Die Mutter war die einzige, die beim Fernsehen nicht Nägel kaute. Sie bemühte sich immer wieder, wenigstens den Töchtern diese üble Gewohnheit abzugewöhnen. Der Kommentar der Mädchen zu den erzieherischen Bemühungen der Mutter war einstimmig: «Der Vater macht es auch!» Von Verwandten wurde der Vater der Kinder schliesslich erfolgreich gebeten, mit dem guten Vorbild voranzugehen. Er entschloss sich, das Übel zu beseitigen und übte Entspannung mit der Formel:

Die Hände bleiben unten.

Der Erfolg kam sofort. Erstaunt fragten die Töchter ihren Vater, wie er es fertiggebracht habe, fernzusehen, ohne seine Nägel zu kauen. Er verriet ihnen die Sondersuggestion. Heute haben alle vier beim Fernsehen ihre Hände unten, oft unter den Oberschenkeln versteckt, und sie kontrollieren sich gegenseitig, mit viel Spass! Wer auch nur einmal Anstalt macht, einen Finger zwischen die Zähne zu bringen, hört sofort den einstimmigen und zwingenden Befehl der andern:

Hände runter!

Zählzwang

Eine 30jährige Ehefrau hatte nicht nur die üble Gewohnheit, auf einer Autofahrt als Mitfahrerin alle Verkehrssignale sorgfältig zu zählen, sie zählte auch, während sie monotone Hausarbeit verrichtete, von eins bis fünfundzwanzig und wieder zurück. Von diesem üblen Zählzwang befreite sie sich schliesslich mit der Formel:

Zählen ist gleichgültig,
ich fühle mich sicher und frei.

Sie verstärkte die Wirkung mit der allgemeinen Suggestion:

Es geht mir mit jedem Tag
in jeder Hinsicht immer besser und besser.

Lachzwang

Eine 23jährige Air-Hostess lächelte bei ihrer Arbeit im Flugzeug jeden Fluggast an. Das brachte ihr höchste Komplimente ein. Aber sie lächelte auch, wenn sie mit ihrem Freund zusammen war. Und schliesslich lächelte sie, wenn es wirklich keinen Grund zum Lachen oder Lächeln gab. Sie lächelte schon zwanghaft; während sie kochte, die Blumen goss, ihre Wäsche aufhängte, Steuerprobleme diskutierte, über Unglück in der Verwandtschaft hörte. Sie lächelte auch, wenn sie sich innerlich hundeelend fühlte.

Sie übte Entspannung und befreite sich vom zwanghaften Lächeln mit der Formel:

Ich fühle mich sicher und frei;
privat gebe ich mich, wie ich bin.

Kontrollzwang

Ein 30jähriger Architekt musste abends regelmässig sämtliche Räume des Hauses aufsuchen und kontrollieren, ob alle Steckdosen durch Sicherheitsklappen abgedeckt seien. Er bezweifelte aber seine eigene Zuverlässigkeit. Darum musste nun, nachdem er seinen Rundgang durch das Haus mehrmals wiederholt hatte, auch die Ehefrau noch mehrere Kontrollgänge unternehmen. Dass sein Zwang sich gegen den unbewussten Wunsch richtete, seine Ehefrau möge nachts «der Schlag treffen», konnte dieser gebildete Mann nicht sofort verstehen. Dann aber übte er Entspannung mit der Formel:

Ich bin gelassen und frei (von Zwang),
und er fügte jeden Abend vor dem Einschlafen hinzu:

Es geht mir mit jedem Tag
in jeder Hinsicht immer besser und besser.

Mit den gleichen Formeln befreite sich ein 40jähriger Angestellter von seinem Zwang. Er hatte die üble Gewohnheit, vor dem Weggehen die ganze Wohnung zu kontrollieren Nicht nur einmal, sondern mehrmals prüfte er, ob der Kochherd abgeschaltet, alle Fenster geschlossen, das Bügeleisen ausgesteckt, die Türe schliesslich abgeriegelt waren.

Wenn der 35jährige Peter K. mit seinem Auto ein paar Kilometer von zu Hause weggefahren war, wurde er regelmässig von Angstgefühlen befallen. Je mehr er sich gegen diese Gefühle wehrte, desto schlimmer wurden sie. Vor seinem inneren Auge lief in Sekundenschnelle der «Film» ab, der ihm vor Augen führte, was alles passieren könnte. Immer grösser und grösser wurden die Katastrophen, bis er schliesslich das Steuer herumriss und nach Hause zurückfuhr. Dort stellte er fest, dass alle Türen geschlossen, alles in bester Ordnung war.

Er befreite sich von diesem Kontrollzwang mit der Formel:

Ich fühle mich sicher und frei,
bei jeder Handlung ist das Bewusstsein dabei.

Ein 50jähriger Postbeamter liebte den Pferdesport. Er begab sich oft als Zuschauer an Pferderennen. Immer häufiger befiel ihn dort dann plötzliche Angst, dass zu Hause etwas nicht in Ordnung, z. B. das Bügeleisen nicht abgeschaltet sei. Seine Frau machte ihn jeweils darauf aufmerksam, dass in den vielen Stunden, seit sie von zu Hause fort seien, alles das, was er befürchte, längst passiert sein müsste, dass ihr Haus entweder bereits niedergebrannt wäre oder die Feuerwehr den Brand inzwischen gelöscht hätte und es deshalb sinnlos sei, vor dem Ende der Rennen heimzukehren. Dieser Gedanke beruhigte ihn aber keineswegs. Ganz im Gegenteil. Nichts und niemand konnte ihn daran hindern, die Veranstaltung sofort zu verlassen und nach Hause zu eilen, um dort festzustellen, dass alles in bester Ordnung war. Er schämte sich dann immer wegen seiner grundlosen Aufregung, begründete seine Handlung aber damit, dass eben doch einmal etwas passieren könnte. Auf Anraten seiner Frau übte er Entspannung und mit der Formel:

Ich fühle mich sicher und frei (von Zwang).

Waschzwang

Eine 40jährige Frau hatte das unwiderstehliche Bedürfnis, den Tagesablauf durch ausgedehnte Waschungen des Körpers oder bestimmter Körperteile, besonders der Hände, immer wieder zu unterbrechen. Oft nahmen die Waschungen täglich mehrere Stunden in Anspruch. Die Folge davon waren schliesslich schmerzhafte Hautverletzungen. Dass sich der Waschzwang gegen ihre Schmutzlust richtete, konnte sie zwar nicht begreifen. Sie übte aber täglich Entspannung, und mit der Formel:

Ich fühle mich sicher und frei,
beim Waschen ist kein Zwang dabei

klang dieser Zwang nach und nach ab, bis er schliesslich ganz verschwand.

4. Wie man Störungen und Fehlverhalten im Liebesleben beseitigen kann

Onanie

Ein 37jähriger Techniker, der mit einer Schauspielerin in kinderloser Ehe lebte, liebte seine Frau auf seine Art und Weise. Er umsorgte sie und tat alles nur Menschenmögliche für ihre schauspielerische Karriere. Geschlechtsverkehr hatten sie selten; er befriedigte sich zur Hauptsache selbst. Er onanierte auch, wenn seine Frau neben ihm im Bett lag. Sie wusste dies, weil sie die Wäsche besorgte, und sie vermutete, dass er onanierte, wenn sich die Bettdecke typisch bewegte. Nicht nur seine Frau, auch er litt unter dieser üblen Gewohnheit. Er wollte sie loswerden, übte Entspannung, und mit der Formel:

Ich liebe als Mann meine Frau

fand er nach und nach den normalen Sexualverkehr. Die Bindung wurde dadurch tiefer und glücklicher für beide Teile.

Der 24jährige Alfred M. beugte sich täglich mehrere Stunden über seine Bücher. Er bereitete sich auf eine Prüfung vor. Manchmal, vor allem wenn er beim Arbeiten nicht richtig vorwärts kommen wollte, richtete er seine Blicke aus dem Fenster seines Studierzimmers. Auf dem Trottoir vor seinem Haus sah er Fussgänger auf- und abspazieren, darunter sehr schöne Mädchen in hautengen Jeans, im Sommer in ganz kurzen Röcken. Es packte Alfred M. Er onanierte. Das war nicht schlimm! Aber mit der Zeit wurde es zur täglichen Gewohnheit.

Er wollte und konnte sich von dieser üblen Gewohnheit wieder befreien. Ihm half die Formel:

Onanie ist ganz gleichgültig.

Sexuelle Unlust

P. war Vater von zwei Töchtern, Geschäftsmann, mit einer attraktiven Frau glücklich verheiratet, wenigstens nach aussen hin. P. verwöhnte seine Frau, überhäufte sie nur so mit Geschenken. Nur einen Fehler hatte er als Ehemann. Er begehrte seine attraktive Frau ganz selten körperlich, etwa alle zwei bis drei Monate einmal. Seine noch junge Frau wollte ihm nicht untreu werden. Darum kam es zu einem offenen Gespräch. Seine streng religiöse Erziehung hatte P. die sexuelle Beziehung ausser zum Kinderzeugen uninteressant, unwichtig gemacht. Jetzt wollte er normale sexuelle Beziehungen mit seiner Frau pflegen. Die innere Umstellung erreichte er schliesslich mit der Formel:

Geschlechtlichkeit ist gut.

Impotenz

Ein 30jähriger Landwirt musste oft eine angefangene Liebesbeziehung abbrechen und der Frau erklären, dass er nicht in der Lage sei, den Geschlechtsverkehr zu vollziehen, dass es jetzt wieder einmal nicht gehe. Seine Impotenz, unter der er lange Zeit litt, konnte er selbst erfolgreich beeinflussen mit der Formel:

Ich liebe als Mann,
ich zeig' was ich kann.

So oft die leise Angst, es könnte wieder einmal nicht funktionieren, aufkam, wiederholte er im Geiste:

Ich zeig' was ich kann,
ich zeig' was ich kann.

Damit vertrieb er seine Angst und gewann seine Potenz wieder.

Ejaculatio praecox

Man versteht darunter die vorzeitige Samenergiessung, vor Einführung des Gliedes oder kurz nachher. Diese Störung gewöhnte sich ein 26jähriger Architekt mit der Formel:

Ich erlebe es lange und gut

ab.

Ungewollte sexuelle Erregung

Der Umgang mit einer attraktiven Sekretärin, die zudem noch alle Arbeiten zur vollsten Zufriedenheit ausführt, ist nicht immer ganz einfach. Dies musste Vizedirektor K. erleben. Er konnte seine Sekretärin sehr oft deshalb nicht zum Diktat bitten, weil er beim blossen Gedanken an diese attraktive Frau sexuell erregt wurde. Er bekam eine Erektion, die manchmal eine ganze Stunde dauerte, was ihn störte. Er übte Entspannung, und mit der Formel:

Geschlechtsteile ruhig und frei

gelang es ihm bald, die Erregung in einem ungünstigen Zeitpunkt zu mindern und sie auf einen günstigen zu verschieben.

Geschlechtskälte oder Frigidität

Darunter versteht man den Mangel an sexuellem Verlangen und sexueller Erregbarkeit. Eine 29jährige Frau war nur ihrem Mann gegenüber frigid. Sie hatte sich innerlich noch nicht von einem früheren Partnerverlust freimachen können. Wenn ihr jetziger Mann mit ihr sexuell verkehren wollte, war sie gehemmt, frigid. Sie wünschte sich in Gedanken ihren früheren Liebhaber herbei. Dies konnte und wollte sie ihrem Mann aber nicht sagen. Besonders wegen ihrer 10jährigen Tochter sollte die sonst glückliche Ehegemeinschaft nicht kaputtgehen. Darum übte sie Entspannung, und mit der Formel:

Ich bleibe meinem Mann jetzt treu,
ich geb' mich hin, gelöst und frei

erzielte sie grosse Fortschritte. Auch während der Beziehung wiederholte sie in Gedanken:

Gelöst und frei, gelöst und frei.

Eine 31jährige Hausfrau klagte trotz grundsätzlich harmonischer Ehe über mangelnde sexuelle Ansprechbarkeit. «Es sagt mir einfach nichts mehr», äusserte sie sich auch ihrem Ehemann gegenüber. Die Ehe drohte deswegen zu zerbrechen. Das wiederum wollte sie nicht. Darum übte sie Entspannung. Sie hatte Erfolg mit der Formel:

Ich liege gern in seinem Arm,
die Scheide ist dann feucht und warm.

Sadistische Liebesart

Ein 43jähriger Offizier wurde dann am meisten erregt, wenn seine Frau laut aufschrie. Die junge Frau schrie nicht aus Lust und Liebe, sondern vor Schmerzen. Weil seine Frau nichts zu sagen wagte, glaubte er lange Zeit, er sei im Bett ein wahrer Held. Schliesslich klärte ihn der Frauenarzt der Frau auf. Der Beruf erschwerte ihm die innere Umstellung ganz erheblich. Er wollte seine Frau aber nicht verlieren, übte täglich Entspannung, und mit der Formel:

Ich liebe mit männlichem Mut,
aber zärtlich und gut
wurde er zärtlicher und einfühlsamer.

Nachdem die Frau nach einer Brustoperation aus dem Spital nach Hause zurückgekehrt war, zog sie ihr Mann, ein 30jähriger Beamter, ins Bett und verlangte Liebe. Es kam zu einer heftigen Auseinandersetzung, und die Frau drohte mit Scheidung. Sie hatte mit dem behandelnden Arzt über die sadistische Liebesart ihres Mannes gesprochen. Er riet zur Scheidung, falls der Mann sich nicht umstellen wolle. Der Mann wurde schliesslich einsichtig, musste aber lange üben, bis sich mit der Formel:
Ich liebe zart und frei
eine anhaltende Besserung zeigte.

Homosexualität

Homosexualität ist nicht angeboren. Sie wird den Neurosen zugeordnet. Die Neigung zur Homosexualität ist auch nicht erblich, und sie kann in frühen Jahren aufgedeckt werden.

Ein 17jähriger Schüler fiel dadurch auf, dass er nur einen einzigen Jugendfreund hatte. Die beiden gingen miteinander durch dick und dünn. Plötzlich bemerkte der 17jährige, dass er seinen 16jährigen Freund auch sexuell begehrte. Er hatte eine starke Erektion, wenn er seinen Freund berührte. Das störte ihn aber, und er erklärte seinen Eltern, denen er sein Problem klagte, dass er sich etwas antun würde, wenn das nicht aufhöre. «Solche Schande will ich nicht über die Familie, meine Geschwister kommen lassen», erklärte er. Er lernte, sich innerlich zu lösen, und mit der Formel:
Mein Freund ist geschlechtlich gleichgültig,
Mädchen sind wichtig
fand er den Weg zu einer festen Freundin.

Lesbische Liebe

Ein erst 15jähriges Mädchen akzeptierte lange Zeit die lesbische Liebe einer Lehrerin ihrer Internatschule. Dann wollte das Mädchen diese Bindung lösen. Ihr half die Formel:

Ich fühle mich sicher und frei,
Frauen sind mir geschlechtlich gleichgültig.
Die Lehrerin wurde später entlassen.

Voyeurismus

Ein 26jähriger Junggeselle bekam spontan eine Erektion, wenn er seine Nachbaren lieben hörte. Er achtete ganz besonders auf solche Geräusche. Dann mietete er sich in das gegenüberliegende Haus im gleichen Stockwerk ein, so dass er mit seinem Feldstecher den Liebenden aus nächster Nähe zusehen konnte. Immer häufiger suchte er Gelegenheit, Liebenden zuzuschauen. Mit der Zeit störte ihn diese üble Gewohnheit selbst. Er wollte davon loskommen. Tägliches Entspannen und die Formel:
Schaulust ist gleichgültig,
Lieben macht glücklich
änderten ihn schliesslich.

Fetischismus, Transvestitismus und weitere Perversionen

Als Kind konnte K. M. am besten schlafen, wenn er einen alten Pullover mit ins Bett nehmen durfte. Später nahm er diesen Pullover überall hin mit, sogar ins Ferienlager. Aber auch wenn er zu Hause fernsah, steckte er seine Nase ab und zu hinein. Die Mutter, die sich deswegen grosse Sorgen machte, wollte diesen alten Pullover schon lange wegwerfen. Jedesmal holte er ihn aber wieder aus dem Abfallkübel heraus. Auch gewaschen wollte er ihn nicht haben. Gelang es der Mutter dennoch, das schmutzige Ding durch die Waschmaschine zu lassen, reagierte er traurig und aggressiv zugleich. Mit dem Erfolg, dass die Mutter schliesslich das stinkende Ding nicht mehr anrührte. Als Erwachsener erregten K. M. weibliche Kleidungsstücke besonders. Er kaufte sich Damenstrümpfe und Unterwäsche, einen ganzen Kasten voll. Manchmal zog er die Sachen auch an und betrachtete sich vor dem Spiegel. Dann lernte er ein Mädchen kennen. Dieses wollte die Beziehung schliesslich nur unter der Bedingung weiter pflegen, dass er sich von dieser Perversion befreie. Die innere Wandlung kam mit der Formel:
Ich fühle mich sicher und frei,
ich lerne richtig lieben.

Neurotisches Fehlverhalten ganz allgemein

Innere Unabhängigkeit zu erlangen ist eine Aufgabe für die meisten Neurotiker. Wer sich innerlich zu jeder Zeit von allem lösen kann, ist nicht neurotisch. Das heisst nicht, dass er sich von allem lösen muss. Viele Neurotiker hat die Formel:

Ich fühle mich innerlich gelöst,
sicher und frei,

bei jeder nur passenden Gelegenheit eingegeben, innere Unabhängigkeit erleben lassen und damit zu jener Ichstärkung geführt, die Neurotikern immer fehlt. Wer neurotisch ist, reagiert auf normale Lebenssituationen unreif. Solch unreifer Reaktionsweise kann auch mit der Formel:

Es geht mir mit jedem Tag
in jeder Hinsicht immer besser und besser

entgegengewirkt werden.

5. Wie man wahres Selbstvertrauen gewinnt

Mangel an Selbstvertrauen ist der Nährboden der Unannehmlichkeiten

Für fast jede Unannehmlichkeit, der wir entgehen möchten, lässt sich ein ihr günstiger Nährboden entdecken, wenn man sie bis auf ihre Wurzeln zurückverfolgt. Diesen Nährboden kann man ganz allgemein umschreiben als Mangel an Selbstvertrauen. Aus diesem Mangel entwickelt sich der Zweifel: «Was ist richtig?», «Welches ist die richtige Lösung?», «Welche Antwort ist richtig?».

Wo kein Selbstvertrauen ist, fehlt auch die wahre Lebensfreude. Wo Lebensfreude fehlt, kommt es zur Resignation, die zu Krankheit und Selbstzerstörung, bis in den Selbstmord führen kann.

Wahres Selbstvertrauen ist Vertrauen in das Leben

Wahres Selbstvertrauen entwickelt sich dadurch, dass man Problemen und Schwierigkeiten nicht ausweicht, sondern ihnen ins Gesicht schaut. Alle Menschen haben Probleme. Wer meint, er habe endlich Ruhe, wenn er diese oder jene Schwierigkeit beseitigt habe, täuscht sich. Es gibt kein Leben ohne Probleme; ist eines beseitigt, kommen zwei neue. Das Leben an sich ist ein Problem.

Jedes Leben, auch Ihr Leben, ist voller Geheimnisse. Jedes Leben, auch wenn es in den Augen einer Gesellschaft noch so gering geschätzt wird, ist sinnvoll. Niemand kann sagen, warum ein Leben sich gerade in dieser oder jener Richtung entwickelt; niemand weiss, warum dieses oder jenes Leben so plötzlich endet. Noch hat man nicht herausgefunden, was, wer in Wahrheit hinter jedem Leben steht. Jedes Leben ist voller Geheimnisse, so dass sich jeder täglich wundern kann. Und Sie sollen sich wundern! Denn: «Wer sich nicht mehr wundern kann, ist sozusagen tot», sagte der weltbekannte Physiker Einstein.

Wer in das Geheimnisvolle *seines* Lebens Vertrauen haben kann, hat wahres Selbstvertrauen. Sie können Vertrauen in bestimmte Sachen haben. Sie können auch Vertrauen in Personen, Vorgesetzte, Erzieher haben. In allererster Linie aber sollen Sie in Ihr eigenes Leben Vertrauen haben. Ihr Leben begann, wie jedes andere auch, irgendwann, irgendwie, irgendwo, und es wird nach unseren Begriffen einmal enden, vielleicht auch nur in eine andere Form übergehen. Es trägt alles in sich, was es zu verwirklichen gilt. Dazu sind Sie hier auf dieser Welt.

Ihr Leben ist *Ihr* Geheimnis. Wenn Sie nachts tief schlafen, wer reguliert dann Ihre Atmung, Ihre Herztätigkeit, Ihre Verdauung. Ein Erzieher? Ein Verwandter? Ein Vorgesetzter? – Nein, es ist Ihr Leben! Und diesem sollen Sie vertrauen. Wenn Sie ihm bedingungslos vertrauen, lassen Sie innerlich ganz von selbst los, und Sie werden sofort von einem geheimnisvollen, aber starken Gefühl des Wohlbehagens erfasst. Dieses gehobene Gefühl des Wohlbehagens ist auch das Gefühl des Selbstvertrauens. Das können Sie immer und überall haben.

Tägliches Entspannen vermittelt das Gefühl des Wohlbehagens, gibt also wahres Selbstvertrauen, und wenn es einmal nichts mehr gibt auf dieser Welt, von dem Sie sich nicht jederzeit innerlich lösen könnten (wenn Sie wollten), dann haben auch Sie *grenzenloses* Vertrauen in das Leben und damit *grenzenloses Selbstvertrauen!*

Sie fassen Selbstvertrauen, ich wiederhole es: Sie fassen Selbstvertrauen

«Ich füge etwas bei, und das ist ausserordentlich wichtig», suggerierte Coué seinen «Schülern». «Wenn Sie bisher sich selbst gegenüber ein gewisses Misstrauen empfunden haben, so sage ich Ihnen, dass dieses Misstrauen nach und nach verschwinden wird, um seinem Gegenteil Platz zu machen, dem Vertrauen zu sich selbst, das sich auf jene uns allen innewohnende Kraft gründet, deren

104

Grenzen man heute noch gar nicht kennt. Dieses Selbstvertrauen ist eine Lebensbedingung für jedes menschliche Wesen. Ohne Selbstvertrauen erreicht man gar nichts, mit Selbstvertrauen alles. Sie fassen also Selbstvertrauen, Sie fassen Selbstvertrauen, ich wiederhole es: Sie fassen Selbstvertrauen, und dieses Vertrauen gibt Ihnen die unerschütterliche Gewissheit, dass Sie alles, was Sie zu tun wünschen, sofern es sich um Vernunftgemässes handelt, nicht nur gut, sondern sehr gut ausführen können, ebenso alles, was in den Bereich Ihrer Pflichten gehört.»

Minderwertigkeitsgefühle

Sie können in jedem Alter aufkommen, lassen sich aber leicht beseitigen.

Ein junger Akademiker, der besonders gegenüber seinen Arbeitskollegen das Gefühl hatte, weniger tüchtig, also minderwertig zu sein, übte täglich Entspannung, und er beseitigte das lästige Gefühl mit dem Sprüchlein:
Ich fasse Selbstvertrauen,
auch ich habe meinen Wert,
ich lebe unbeschwert.
Später wurde er von der Direktion zum Gruppenleiter befördert.

Eine junge Frau fühlte sich nach ihrer Hüftgelenkoperation minderwertig. Jetzt hatte sie Angst, keinen Mann zu finden. Ihr half die Formel:
Ich bin als Mensch so gut
wie die andern.
Sie heiratete einen Bahnbeamten und ist Mutter einer jetzt zweijährigen gesunden Tochter.

Eine junge Frau war überzeugt, sie habe einen zu kleinen Busen. Ist das ein Grund, sich minderwertig zu fühlen? Diese Frau fand ihre innere Sicherheit, ihr Selbstvertrauen mit der Formel:
Ich liebe als Frau sicher und frei.
Die zunehmende Selbstsicherheit dieser Ehefrau beeinflusste den Ehemann. Seine oft gemachten spitzen Bemerkungen wie «Du hast ja nichts!» blieben auf einmal aus.

Im Kreise seiner Bekannten und Freunde fühlte sich ein erst 25jähriger Computerfachmann gehemmt. Er wurde von starken Minderwertigkeitsgefühlen befallen, wenn nicht über sein Fach diskutiert wurde. Bei Gesprächen über Musik oder Kunst hörte er zwar aufmerksam zu, wurde aber gespannt und unsicher. Aus dieser Beklemmung half ihm später die Formel:

Loslassen, loslassen, loslassen.

Mit der Zeit brachte er innere Sicherheit in Sekundenschnelle zustande. Mit dem Gedanken «Loslassen» löste sich die Verkrampfung, und damit war das lästige Minderwertigkeitsgefühl auch schon wie weggeblasen.

Frau M. ärgerte sich, dass ihr immer dann nichts in den Sinn kommen wollte, wenn sie mit fremden Leuten diskutierte. Hinterher, wenn man auseinandergegangen war, kam ihr dann das richtige Wort, die gute Idee in den Sinn. Diesem Übel konnte sie schliesslich mit der Formel:

Ich bin unter Leuten ruhig und frei,
Wort und Ideen sind immer dabei

abhelfen.

Macht und Einfluss über andere!

Buchhalter K. hatte es mitangesehen. Am Fernsehen liess ein Hypnotiseur Menschen wie Marionetten tanzen. Sie sangen auf seinen Befehl, wenn auch grundfalsch, rannten, standen still, dirigierten wie Karajan, kratzten sich, als ob sie Läuse hätten, sassen ruhig und still und schliefen, alles auf Befehl eines kleinen Mannes. Sie folgten ihm aufs Wort. Ein Schnippen mit den Fingern genügte, um eine ganze Reihe von Menschen hellwach, frisch und munter werden zu lassen. Ein leichter Druck mit dem Zeigefinger auf die Schulter genügte, um den Berührten in einen tiefen Schlaf zu versetzen. Buchhalter K. sah es. Diese Macht über andere wünschte er sich selbst, er sehnte sich danach.

Kann er sich solche Macht aneignen? Oder ist ihm und vielen andern solche Macht über andere einfach nicht vergönnt? – Macht über andere wünschen sich Menschen mit Minderwertigkeitsgefühlen; die andern haben sie!

Die Grundlage für diese Macht ist das *Vertrauen.*

Vertrauen, echtes, wahres Vertrauen kann nur derjenige geniessen, der Vertrauen in sich selbst hat. Wahre Macht über andere ist niemals grösser als die Macht, die man über sich selbst hat. Wer kein Selbstvertrauen, keine Selbstsicherheit hat, hat auch keine Macht über sich selbst. Und wer keine Macht über sich selbst hat, hat auch keine wahre, echte Macht über andere. Wer meint, er könne von andern das verlangen, was er selbst nicht zu tun gewillt ist, scheitert. Auch besonders ausgeklügelte Techniken haben keinen anhaltenden Erfolg.

Nun gibt es sicher Leser, die an dieser Stelle einwenden möchten, dass es doch Leute gebe, die andern, nicht aber sich selbst helfen können. Das stimmt! Macht über andere und Hilfe, die man andern Menschen geben kann, sind nicht dasselbe.

Und noch etwas: zwischenmenschliche Beziehungen, zu denen der Mitmensch gezwungen wird, sei es durch staatliche oder religiöse Macht, elterliche oder die Macht des Vorgesetzten, des Ehemannes sind keine wahren Beziehungen, sondern Zwangsbeziehungen. Macht durch Zwang ist keine wahre Macht. Durch Zwang sind keine echten, wahren mitmenschlichen Beziehungen zu erreichen. Die Liebe beweist es. Erzwungene Liebe oder Zuneigung ist niemals echt. Nur auf der Basis des gegenseitigen Vertrauens können echte, wahre Beziehungen entstehen. Echte, wahre Beziehungen sind nicht in persönlichen, geschäftlichen, auch nicht in staatlichen oder religiösen Interessen, sondern nur im Interesse des Lebens an sich begründet. Wer wahre Macht über andere, auch über Kinder, hat, geniesst Vertrauen. Wer diese Macht nicht hat, geniesst eben kein Vertrauen.

Echtes Vertrauen kann, wie bereits gesagt, nur derjenige geniessen, der Vertrauen in sich selbst hat. Selbstvertrauen ist lernbar, ist Übungssache. Jeder kann Selbstvertrauen und damit wahre Macht über andere haben. *Umdenken* also bringt den erwünschten, ersehnten Erfolg!

Man ist das, was man den ganzen Tag denkt

Kein Mensch ist das, was er sagt oder sagen will, sondern das, was er den ganzen Tag denkt. Wie eine Röhre dem ihr entströmenden Wasserstrahl seine Form verleiht, geben unsere Gedanken unserem Leben Richtung und Sinn. Nicht all unsere Gedanken werden uns bewusst. Ohne es zu merken oder zu wissen, drücken wir aber immer das aus, was wir im Grunde denken.

Die wahre Sprache sprechen unsere Bewegungen

Die allerkleinste Bewegung, ein Zucken um die Mundwinkel, ein Blick, unsere Gangart, eine kleine Änderung der Gangart, ist Ausdruck eines bewussten oder unbewussten Gedankens. Darauf verlassen sich besonders die Kinder. Oft schauen sie uns mit grossen Augen wortlos an. Ein kleiner Junge schaute einer hübschen Dame ganz auffällig nach. Die Gangart dieser Frau veränderte sich sofort. Gehen Sie Ihrem Chef, der Sie unter der offenen Bürotür erwartet, entgegen; wie ist Ihre Gangart? Wenn Sie einer bekannten Persönlichkeit auf der Strasse begegnen, wie ist Ihre Gangart? Wer sich völlig frei und gelöst, nicht verkrampft bewegt, hat Selbstvertrauen. Wer sich verkrampft, oft derart, dass ihm das Laufen richtiggehend schwerfällt oder zur Qual wird, hat kein Selbstvertrauen, oder er hat es in diesem Augenblick verloren. Unsere Bewegungen drücken immer das aus, was wir denken. Sie sind eine viel deutlichere Sprache als die, die wir mit Lauten formen. Die kleinste Bewegung, oft nur ein Blick, sagt mehr als tausend Worte. Liebe ist der beste Beweis dafür. Sie lässt sich nicht in Worte fassen. Sie geht dort am tiefsten, wo Worte fehlen.

Die Zauberformel heisst «Ich kann!»

Wer Entspannung täglich übt und sich angewöhnt, positiv zu denken, zu suggerieren, kann erleben, dass sein ganzes Wesen, alle seine Äusserungen, seine Körpersprache positiv sind. Mehr noch! Auch die Wirkung auf Mitmenschen wird besser, und es fällt ihm leicht zu sagen:
«Ich kann, ich kann, ich kann...»
Jeder von uns hat sich in seinem Leben schon mit irgend etwas nutzlos abgemüht. Es ist eine üble Gewohnheit, dieses Sich-Abmühen ohne Erfolg mit Gedanken wie «Das ist schwer, das ist zu schwer, das kann ich nicht, das konnte ich noch nie, wie soll gerade ich das jetzt fertigbringen» zu begleiten. Solche und ähnliche Gedanken sind gefährliche Gedanken; denn sie wirken suggestiv! Sie werden mit der gleichen Selbstverständlichkeit eingegeben, mit der positive Suggestionen eingegeben werden sollen. Sie verfehlen darum ihre Wirkung nie: In Zukunft werden die Anstrengungen grösser, gelingt die Lösung gewisser Aufgaben nicht.
Ein 23 Jahre junger Mann bildete sich ein, für die Computerbranche zu langsam zu sein. Seine Bemühungen begleitete er, ohne sich dabei innerlich anzustrengen, ganz automatisch mit dem Gedanken: «Das kann ich nicht, ich bin zu langsam.» Dennoch liebte er diese Branche, er wollte die Arbeit nicht einfach aufgeben. Schliesslich wurde er entlassen. Entlassungsgrund: zu langsam! Eine genaue Untersuchung brachte es an den Tag. Von Natur aus war er keineswegs

langsam. Er hatte sich das nur jahrelang eingebildet, es sich suggeriert. Das kostete ihm seine Stelle, und so ist es oft! Bei jeder Art von Tätigkeit, bei jedem Handwerk, beim Sport, auch bei geistiger Tätigkeit, beim Nachdenken, bei allem, was nicht auf Anhieb gelingt, laufen wir Gefahr, uns die Sache durch entsprechende Gedanken, die darum suggestiv wirken, weil sie mit der grössten Selbstverständlichkeit eingegeben werden, schwer, schwerer und schliesslich unmöglich zu machen.

Ist eine Sache an sich aber schwer? Ist sie unmöglich?

Als Ford den Gedanken gefasst hatte, einen V8-Motor zu bauen, erklärten ihm seine Ingenieure, eine solche Konstruktion sei unmöglich. Ford aber hielt an seinem Gedanken fest und wies seine Leute an, sich an die Arbeit zu machen. Sie versuchten, die gestellte Aufgabe zu lösen. Lange Zeit machte es den Eindruck, als wäre Fords Forderung unmöglich zu erfüllen. Auch diese Aufgabe aber wurde gelöst. Fords V8-Motor hatte einen spektakulären Erfolg.

Jeder Fortschritt, jeder Erfolg ist letzten Endes ein Denkerfolg. Viele Dinge, die früher unmöglich schienen, sind heute Wirklichkeit. Wenn man vor Hunderten von Jahren einem Menschen gesagt hätte, es sei möglich, in der eigenen Stube zu sitzen und durch blosses Drücken auf einen bestimmten Knopf Geschehnisse in der ganzen Welt mitzuverfolgen, hätte er dies für unmöglich gehalten. Ohne viel zu denken, drücken wir heute diesen Knopf. Wir schalten das Fernsehgerät, das Radio ein und aus. Wenn man einem Pfahlbauer gesagt hätte, dass später Menschen auf dem Mond spazieren gehen und Fotos von entfernten Planeten farbig in einer Tageszeitung finden würden, hätte er diesen Gedanken überhaupt nicht verstehen können. Für uns, die Nachkommen dieser Menschen, sind diese technischen Spitzenleistungen schon fast eine Selbstverständlichkeit.

Rekorde im Sport bleiben oft nur kurze Zeit ungebrochen. Krankheiten, die vor Jahren noch als unheilbar galten, heilt die heutige Medizin.

Was ist überhaupt unmöglich? Nichts ist unmöglich! Es ist immer nur eine Frage der Zeit, bis unmöglich Scheinendes möglich wird. Allerdings brauchen wir nicht so hoch zu greifen. Ganz gewöhnliche, alltägliche Dinge greifen wir immer noch mit der Überzeugung an, dass sie schwer, sehr schwer sind. Eine junge Frau machte bis heute ihren Führerschein noch nicht, weil sie das Autofahren für schwer, zu schwer für sie hielt. Dennoch ging sie regelmässig in die Fahrstunde. Sie fuhr schlecht. Kein Wunder bei dieser Einstellung. Der Gedanke, der in ihr aufstieg, sie sei doch zu dumm und zu ungeschickt, um jemals einen Führerschein zu besitzen, war die Folge ihrer negativen Einstellung. Wer mit grösster Selbstverständlichkeit denkt: «Das ist zu schwer für mich!», suggeriert sich richtig, aber negativ. Kein Wunder, dass er die Sache entsprechend anpackt, nämlich so ungeschickt, dass er überhaupt keine Aussicht auf Gelingen hat.

Eine Familie machte einen Sonntagsausflug. Die Frau behauptete, in zwei Stunden Marschzeit sei der Berggasthof gut zu erreichen. Ihr Mann dagegen vertrat die feste Meinung, auch wenn man gut zu Fuss sei, brauche es dazu gute drei Stunden. Die Gedankenverwirklichung brachte die voraussehbare Spannung: Während die Frau entschlossen vorausmarschierte und in zwei Stunden den Gasthof erreichte, marschierte ihr Mann gerade so schnell, dass er in drei Stunden dort eintraf. Oben angekommen, behauptete er steif und fest, seine Frau habe, wenn überhaupt in zwei Stunden, den Weg im Laufschritt zurückgelegt. Das sei nicht Sinn einer Wanderung. Das stimmt! Aber es zeigt, dass die Einstellung, mit der man eine Sache anpackt, die Verwirklichung im Bereich des Möglichen herbeiführt.

Oft wollen wir nicht uns selbst, sondern andern beweisen, dass etwas schwer, unmöglich sei. Eine Frau wollte eine alte Schraube aus der Wand lösen. Sie konnte es nicht. Sie rief aus: «Das ist unmöglich, diese Schraube lässt sich nicht mehr aus der Wand herausdrehen!» Der Mann eilte herbei. Nur zögernd und mit der Bemerkung «Es geht nicht, du kannst es auch nicht!» übergab sie ihm den Schraubenzieher. Es gelang ihm nicht auf Anhieb. Fast jubelnd rief seine Frau aus: «Siehst du jetzt! Ich habe es ja gesagt, es ist unmöglich, diese Schraube aus der Wand zu bringen.» Ihr Mann holte darauf einen besseren Schraubenzieher, und bald hielt er das Ding in den Händen.

Nicht nur Erwachsene, auch Kinder haben schon die üble Gewohnheit, an eine Tätigkeit mit dem Gedanken, dass sie schwer, zu schwer, unmöglich sei, heranzugehen. Wenn der 10jährige Karl sein Rechnungsbuch in die Hand nahm, rief er jedesmal aus: «Mutti, hilfst du mir? Ich komme nicht nach!» Nur mit Hilfe seiner Mutter konnte er Rechnungen lösen. Kein Wunder, dass er in der Schule im Rechnen versagte. Dort fehlte ihm seine Mutter als Helferin, und die Lehrerin war nicht gewillt, die ganze Stunde bei dem Jungen zu stehen und ihm zu helfen. Im Grunde war der Knabe keineswegs rechenschwach. Die Formel «Rechnen, das kann ich nicht, das ist schwer, zu schwer für mich», die er mit jener Selbstverständlichkeit ausrief, mit der Suggestionen eingegeben werden sollen, machte ihn zum Versager in diesem Fach.

Die Einstellung, mit der man etwas anpackt, entscheidet, ob die Sache schwer oder leicht gelingt, möglich oder aber unmöglich wird. Wer etwas mit einer durch und durch positiven Einstellung anpackt, findet Alltägliches bald nicht mehr schwer oder gar unmöglich. Diese Erkenntnis ist natürlich nicht neu. Sie ist Jahrtausende alt. Dennoch konnte sie bis heute so wenig Allgemeingut werden.

Es ist ganz gewiss nicht so, dass das *Schicksal* für bestimmte Leute nur das Gute, für andere nur das Schlechte bereithält. Man kann sicher nicht sagen, es sei schicksalhaft, wenn jemand all sein Tun mit der grössten Selbstverständlichkeit mit negativen Gedanken wie «Das ist schwer, das ist zu schwer ...» begleitet. Gerade weil diese Gedanken mit grösster Selbstverständlichkeit eingegeben werden, wirken sie suggestiv. Jedem von uns ist die Fähigkeit gegeben, die Gedankenrichtung zu wählen, neu zu bestimmen. Natürlich spielen sehr viele Faktoren in diesem Zusammenhang eine Rolle, so z. B. die Denkgewohnheiten der Eltern, der Umwelt und die eigenen Erfahrungen aus ganz früher, dem heutigen Bewusstsein längst entglittener Zeit. Wer in seiner Kindheit negativ beeinflusst, zu negativem Denken erzogen wurde, musste zwangsläufig negative Erfahrungen machen.

Das muss aber nicht so bleiben. Als Erwachsener hat man immer die Möglichkeit umzudenken. Anerzogene Denkgewohnheiten kann man sich abgewöhnen. Auch dann, wenn diese Denkgewohnheiten ganz unbewusst wirken. Wer innerlich loslassen kann und positive Formeln verwendet, lernt sein Schicksal von der guten Seite kennen.

Ein Mittelschüler meinte, es sei sein Schicksal, in Algebra und Geometrie nicht auf bessere Noten zu kommen. Er entsprach meinem Wunsch und nahm sein Algebrabuch mit in die Ferien. Auf dem Zeltplatz angekommen, grub er zuerst ein Loch, legte das Algebrabuch hinein, deckte es zu und stellte darüber sein Zelt. Damit war die Gefahr gebannt, dass ihm das Buch während der Ferien in die Hände kommen konnte. Später übte er inneres Loslassen, Entspannung, und mit der Formel:
Ich bin ruhig und frei
löste er diesen Widerstand auf. Mit der Zeit wirkte die Formel:
Ich kann, ich kann ...
Seine Schulnoten waren bald in allen Fächern genügend.

Ein mir bekannter Klavierspieler, der immer gut vorbereitet war, bei öffentlichen Auftritten aber versagte, meinte lange Zeit, dies sei schicksalhaft und müsse nun immer so bleiben. Auch er hatte schliesslich Erfolg mit der Formel:

Ich kann, ich kann...

Innerlich gelöst und gelassen setzte er sich dann ans Instrument und spielte.

Die 22jährige Judith, eine Studentin, redete oft unter Tags, vor allem wenn sie allein war und wenn es sich um Situationen handelte, in denen sie Schwierigkeiten zu finden meinte, laut mit sich selbst. Früher waren es negative Selbstgespräche. Dann lernte sie umdenken. Heute stoppt sie den aufkommenden Fluss negativer Gedanken etwa mit folgenden Worten: «Schon gut, es geht vermutlich leichter, als ich meine. Nur keine inneren Anstrengungen machen. Ich bleibe ruhig und vernünftig, behalte einen ganz klaren Kopf. Dann muss alles gutgehen. Was andere können, kann ich auch: Ich kann, ich kann ...»

Die Formel:

Ich kann, ich kann...

hilft besonders sensiblen Menschen, solchen, die schon bei der Nennung dessen, was sie wünschen, zurückschrecken und Angst haben, es könnte ihnen nicht gelingen, sie würden sich dann blamieren. Diese Formel stoppt das freie Schweifen der Gedanken, das nur zu leicht zu negativen Suggestionen wird, die alles, was an sich leicht gelingt, schwer machen. Wer manchmal von für ihn schlimmen und ungesunden Vorstellungen bedrängt, wie verfolgt, von Angst befallen wird, eine Sache könnte nicht gelingen, sei verloren, kann bei richtiger Anwendung der Formel:

Ich kann, ich kann...

erleben, dass alles Negative nach und nach dem Blickfeld seiner Einbildungskraft entschwindet, gerade so, wie sich eine Wolke entfernt und am fernen Horizont aufzulösen scheint. Wer sich immer wieder und richtig eingibt:

Ich kann, ich kann...

schüttelt negative, krankmachende Gedanken immer leichter und leichter ab. Sie treten mit der Zeit schwächer und schwächer auf, kommen seltener und verlieren sich dann spurlos.

Jedes Kind kennt schon die Sprüche «Ich höre nicht, ich höre nicht, was der dumme Esel spricht!» oder «Ich bin so satt, ich mag kein Blatt: meh! meh!» aus dem Märchen «Tischchen deck dich, Goldesel und Knüppel aus dem Sack». Oder: «Spieglein, Spieglein an der Wand, wer ist die Schönste im ganzen Land?» aus «Schneewittchen».

Als ich die 12jährige Maya, wenn sie wiederholte: «Das kann ich nicht, das kann ich nicht, das kann ich sowieso nicht!», auf Märchensprüche aufmerksam machte und sie bat, zwanzigmal zu schreiben: «Das kann ich», schaute sie mich mit grossen Augen an. Dann schrieb sie zwanzigmal: «Das kann ich *nicht!*», und sie unterstrich das Wort ‹nicht›. Als ich die schulschwache Maya darauf aufmerksam machte, dass sie nur das Sätzlein «Das kann ich!» zwanzigmal zu schreiben habe, sagte sie sofort: «Aber wenn ich schreibe: ‹Das kann ich›, dann muss ich es ja können!» – Mit der Zeit überwand sie sich. Sie schrieb das Sätzlein «Das kann ich» auf ihr Etui, sogar auf ihre Schulmappe. Bald lernte sie leichter, und sie konnte das Gelernte viel besser behalten.

Bei allen Formeln ist besonders zu beachten, dass sie – mit wenigen Ausnahmen – *positiv* sind. Die Suggestion «Ich habe keine Angst» hat immer negative Wirkung. Wer eine Treppe hinuntersteigen will und sich dabei immer wieder einredet: «Ich habe keine Angst, ich falle nicht, ich habe keine Angst zu stürzen usw.», muss erleben, dass er sich beim Treppensteigen immer mehr verkrampft. Wer sich dagegen eingibt:

Ich kann (hinuntersteigen)*, ich kann, ich kann…*
steigt gelöst und entspannt die Treppe hinunter.

In Paris konnte ich einem etwa 6jährigen Mädchen zuschauen, wie es die Stufen von der Sacré-Cœur-Kirche herunterrannte, und ich hörte eine Frau, vermutlich die Mutter des Kindes, auf der obersten Stufe rufen: «Nicht so schnell, Lucie, nicht so schnell, pass doch auf, sei vorsichtig, nicht so schnell …» Plötzlich stürzte das Mädchen. Glücklicherweise stand in diesem Augenblick ein älterer Mann so dicht neben dem Kind, dass er es auffangen und damit vor einem sicher folgenschweren Sturz bewahren konnte. Ohne Zweifel hatten die negativen Worte, die Zurufe der Mutter, Unsicherheit beim Kind ausgelöst, die schliesslich zum Sturz führen musste. Ohne solche Zurufe wäre das Kind sicher die Stufen heruntergekommen.

Ein junger Angestellter, der seine Büroarbeit als sehr langweilig empfand, übte Entspannung. Er konnte überall entspannt sein, nur bei seiner Büroarbeit nicht. Die Formel:

Ich kann, ich kann…
bewirkte bei der langweiligen Büroarbeit genau das Gegenteil; er verkrampfte sich mehr und mehr. Und warum? Der Angestellte konnte die Antwort selbst geben. Er sagte: «Wenn ich bei dieser Sch…arbeit entspannt sein kann, dann

gefällt sie mir am Ende noch.» Genau so ist es. Ist das schlimm? Wenn man eine Arbeit sowieso verrichten muss, warum soll sie dann nicht bei vollkommener Gelöstheit, Entspanntheit verrichtet werden? Diesen Widerspruch allerdings können manche nicht sofort auflösen. Man sollte ihn aber auflösen. Im Grunde spielt es doch keine Rolle, das war auch die Meinung einer Hausfrau mit sechs Kindern, welche Art von Arbeit man verrichtet; die Hauptsache ist, man macht die Arbeit gern. In der Tat kann man jede Arbeit gern machen. Und eine Arbeit, die sowieso getan werden muss, soll man gerne tun.

Achten Sie jetzt, nachdem ich Sie auf diese Sache aufmerksam gemacht habe, darauf, dass Sie all Ihre Handlungen nur noch mit positiven Gedanken begleiten oder zum mindesten nicht noch durch negative Gedanken schwerer machen, als sie in Wirklichkeit sind. Pflegen Sie eine positive Gedankenrichtung, gerade so, wie Sie Ihre Blumen im Garten oder auf dem Balkon regelmässig begiessen. Lassen Sie negative Gedanken, wenn sie aufkommen wollen, sofort los. Das ist Ihr Vorteil. Dinge an sich sind weder schwer noch leicht, durch negative Gedanken machen wir die Dinge aber schwer. Ein Kind, das laufen lernt, dabei mehrmals hinfällt, bis es endlich klappt, denkt bestimmt nie: «Das kann ich nicht, das lerne ich nie!» Es übt, bis es laufen kann. Die Muttersprache erlernt kein Mensch in einem Tag. Glücklicherweise kann niemand auf den Gedanken kommen: «Die Muttersprache ist schwer, die lerne ich nie!» Wer mit der gleichen Selbstverständlichkeit, mit der Kleinkinder üben, eine Fremdsprache lernt, ein Instrument spielt, eine Rede hält, Kontakt pflegt oder gesund werden will, macht stets Fortschritte und hat Erfolg.

Jeder Schmerz, jedes Herzklopfen, jede Atemnot wird durch negative Gedanken, die, weil sie mit der grössten Selbstverständlichkeit eingegeben werden, suggestiv wirken, verstärkt. Wer, innerlich gelöst und entspannt, denkt, dass die Atmung leicht vor sich geht, das Herz gesund arbeitet, erlebt die gewünschte Erleichterung. Wer sich Wohlbefinden suggeriert, verringert nicht nur jeden Schmerz, er führt im Rahmen des Möglichen (darüber entscheidet das Unbewusste des Menschen) Gesundheit und Wohlbefinden herbei. Wer mit grösster Selbstverständlichkeit positiv denkt, ist zuversichtlich. Wer im Innersten seiner Seele zuversichtlich ist, vertreibt Angst und Furcht; sie weichen gerade so, wie die aufkommende Sonne den Morgennebel auflöst. Wer störenden Einflüssen *innerlich* wirklich gleichgültig gegenübersteht, leidet nicht unter Stress oder nervöser Spannung. Wer mit grösster Selbstverständlichkeit, innerlich gelöst und entspannt, denken kann:

114

Das kann ich!
erlebt die suggestive Wirkung dieses Gedankens. Er klingt im Tiefsten der Seele fort und findet dort einen stillen, aber sicheren Widerhall. Nur wer innerlich verkrampft, gespannt ist, zögert, zweifelt, muss sagen: «Ich kann nicht!»
Wer die Formel:

Ich kann, ich kann, ich kann...

richtig eingibt, kann!

Streichen Sie aus Ihrem Wortschatz

die Worte: «Das ist schwer, das ist unmöglich, ich kann nicht, das übermannt mich, ich kann nicht anders, das ist stärker als ich!» *Denken Sie immer*, suggerieren Sie:

Das ist leicht,

es ist möglich,

ich schaffe es,

ich bin stärker,

ich kann es!

Was ich Ihnen hiermit empfehle, ist keineswegs neu. Ich wiederhole bloss, was Coué vor mehr als sechzig Jahren seinen «Schülern» empfahl. «Wenn Sie also etwas Vernunftgemässes zu tun wünschen», suggerierte Coué seinerzeit, «oder etwas, das zu Ihren Pflichten gehört, so denken Sie stets, dass die Sache von dem Augenblick an, nachdem feststeht, dass sie möglich, vernünftig ist, auch leicht ist. Streichen Sie aus Ihrem Wortschatz die Worte: Das ist schwer – das ist unmöglich – ich kann nicht – das übermannt mich – ich kann nicht anders – das ist stärker als ich. Sie gehören nicht zu Ihnen. Was zu Ihnen gehört, ist:

Es ist leicht, und ich kann es!

Indem Sie Ihr Vorhaben für leicht halten, wird es Ihnen wirklich leicht, während es anderen vielleicht schwierig oder gar unmöglich erscheint. Und Sie werden, was Sie zu tun haben, schnell und gut tun, und Sie werden dabei nicht müde werden, weil Sie es ohne Anstrengung getan haben werden. Hätten Sie Ihr Vorhaben jedoch für schwer gehalten oder gar für unmöglich, so wäre es für Sie schwer oder unmöglich geworden, aber nur weil Sie es für schwer oder unmöglich gehalten haben.»

6. Im Grunde erzieht sich jeder selbst

Der Mensch ist in jeder Phase seines Werdens Mensch

Mensch wird man nicht, Mensch *ist* man! Wenn sich Eltern ein Kind wünschen, existiert, *ist* dieser Mensch bereits (in den Vorstellungen der Eltern).

Aus einer befruchteten Eizelle wird sich immer ein Mensch entwickeln und nur ein Mensch. Der Mensch durchläuft zwar Entwicklungsstadien, die denen tierischer Form gleichen. Der Mensch ist aber in keiner Phase seines Lebens, seines Werdens ein Tier. Menschliches Leben beginnt weder mit der Befruchtung der weiblichen Eizelle durch die männliche Samenzelle noch mit der Geburt. Menschliches Leben lässt sich nicht datieren. Jede Datierung erreicht nur das Greifbare des lebenden Wesens, nie aber das Lebendige selbst.

Das Ungeborene ist in keiner Phase seiner Existenz dasselbe Wesen wie die Mutter

Der noch nicht geborene Mensch kann absterben, ohne dass die Mutter stirbt, oder die Mutter kann sterben, ohne dass das Ungeborene stirbt. Ein noch nicht geborener Mensch ist also immer selbst ein Lebewesen, von zwei anderen gezeugt und von einem während der Schwangerschaft getragen. Von diesem wird es auch hineingeboren in das soziale Gefüge einer Gruppe, der Familie, und in die öffentliche Organisation einer Gesellschaft.

Erziehung soll vor der Geburt beginnen

«Es mag zunächst paradox erscheinen: aber die Erziehung eines Kindes soll vor der Geburt einsetzen», schreibt Emil Coué in «Selbstbemeisterung durch bewusste Autosuggestion». «Wenn nämlich eine Frau, die vor ein paar Wochen empfangen hat, in ihrem Geiste eine Vorstellung vom Charakter hegt, den dieses Kind haben soll, von den leiblichen und seelischen Eigenschaften, die sie an ihm sehen möchte, wenn sie nun während der ganzen Schwangerschaft nicht aufhört, immer das gleiche Bild zu hegen, so wird das Kind wahrscheinlich den gewünschten Charakter und die ersehnten Eigenschaften haben.

Die spartanischen Frauen brachten nur kräftige Kinder zur Welt, die später gefürchtete Krieger wurden, weil es ihr grösster Wunsch war, dem Vaterlande solche Sprösslinge zu schenken. In Athen aber gebaren die Frauen intellektuell veranlagte Kinder, bei denen die geistigen Gaben vor den leiblichen den entschiedensten Vorrang hatten.»

Mozarts Vater Leopold – also nicht die Mutter! – wünschte sich einen Sohn, und er sah diesen Sohn in der Rolle des erfolgreichen Musikers, die ihm selbst weitgehend versagt geblieben war.

Picassos Vater dachte an Galerien und Museen. Heute hängen Picassos Bilder in allen grossen Museen der Welt. Picassos Mutter soll sich in ihrer Vorstellung gesagt haben: «Wirst du, Kind, Soldat, so wirst du General werden; wirst du Mönch, so wirst du Papst werden.» «Ich wollte Maler werden», sagte Picasso später, «und ich bin PICASSO geworden.»

Dass der im Mutterleib ruhende Mensch nicht jener ‹träge Passagier› ist, für den er im allgemeinen gehalten wird, wusste auch der 1452 geborene italienische Maler, Bildhauer, Baumeister, Naturforscher und Techniker Leonardo da Vinci. In einem seiner Quaderni schreibt er: «Ein Wille, eine Angst, ein starkes Verlangen, das die Mutter hat, oder eine Qual in ihrem Gemüt hat mehr Macht über das Kind als über die Mutter, da dadurch das Kind häufig das Leben verliert.» Und Aristoteles, der grosse griechische Denker, sagte etwa 300 v. Chr.: «Schwangere Frauen müssen für ihren Körper Sorge tragen, ihr Gemüt aber sollten sie von Sorgen frei halten, denn das werdende Kind nimmt vieles von der es tragenden Mutter an, wie die Pflanzen von dem Erdreich, in dem sie wurzeln.»

Und die Umwelt, der Vater? Müssen sie sich nicht von Sorgen frei halten? Professor Degenhardt, der Leiter des Koordinationszentrums der Gesamtstudie am Institut für Humangenetik in Frankfurt, hat völlig unerwartet feststellen müssen, dass sich auch schädlich auf das Ungeborene und das spätere Kind auswirkt, wenn der Vater ein starker Raucher ist. Wenn die Mutter Nichtraucherin, der Vater aber Raucher ist, erhöht sich dadurch die Sterblichkeit des Kindes während der Geburt von normal 2,9 auf 4 %. Auch die Zahl der Missbildungen bei Neugeborenen war immer dort deutlich über dem Durchschnitt, wo der Vater täglich zehn Zigaretten oder mehr rauchte. Völlig ungeklärt ist, wie die Beeinträchtigung des Ungeborenen durch den Raucher-Vater erfolgt.

Ist ASW möglich?

«Die Parapsychologen sind sich einig», mit diesen stolzen Worten beginnt der bekannte Parapsychologe Dr. Ryzel sein Vorwort zu seinem Jesus-Buch, «dass durch objektive, kritische wissenschaftliche Methoden eindeutig die Existenz eines ‹sechsten Sinnes› bewiesen wurde, der gewöhnlich als ‹ASW› (Aussersinnliche Wahrnehmung) – ‹Hellsehen› und ‹Telepathie› bezeichnet wird. Dieser neuentdeckte Sinn ermöglicht es, Ereignisse um uns wahrzunehmen, die unseren normalen Sinnen nicht zugänglich sind.» Bis heute konnte für diese Fähigkeit, die alle Menschen besitzen sollen, keine Erklärung gefunden werden. Sie gilt aber dennoch als bewiesen. Viele Menschen halten ASW für ein Phänomen.

Der Russe Leonid L. Wassiliew wollte dem Phänomen auch auf die Spur kommen, er wollte beweisen, dass vom Gehirn eines Menschen Wellen ausgehen. Er liess eine Person an einen entfernten Ort bringen. Sie sollte von einem Hypnotiseur «mental-suggestiv», also mittels Kraft der Gedanken, in Hypnose versetzt und wieder aufgeweckt werden. Um die Momente des Eintritts der Hypnose und des Erwachens aus der Hypnose objektiv registrieren zu können, wurde der Versuchsperson ein mit Luft gefüllter Gummiball in die Hand gegeben. Sie wurde angewiesen, diesen Ball rhythmisch zu drücken. Die Druckschwankungen wurden aufgezeichnet. Sobald der hypnotische Zustand eintrat, hörten die Bewegungen auf. Die Registrieranlage zeichnete dies auf. Im Moment des Aufwachens wurde wiederum registriert, weil die Versuchsperson sofort wieder zu drücken begann. Die Versuche gelangen. Die russischen Forscher gingen zum zweiten und wichtigsten Teil des Experimentes über. Beide Personen, der Hypnotiseur und die Versuchsperson, wurden getrennt voneinander in sorgfältig konstruierte Bleikammern eingeschlossen. Bleikammern schirmen elektromagnetische Wellen ab. Jetzt, so nahmen die russischen Forscher an, konnten auch keine Informationen von einem Gehirn auf das andere mehr übertragen werden. Die weiteren Versuche mussten also, so wurde erwartet, misslingen. Aber die Versuche gelangen trotzdem. Die Versuchsperson fiel auftragsgemäss in Hypnose und reagierte auf die Suggestionen des Aufweckens. Die Versuche gelangen auch über eine Entfernung von Sewastopol nach Leningrad. Das sind immerhin 1700 Kilometer. Vom Gehirn ausgehende elektromagnetische Wellen, die wir bei Radio- und Fernsehsendungen verwenden, kommen für die Informationsübermittlung von einem Gehirn zum andern also nicht in Frage. Bis heute wissen wir nicht, wie die Übermittlung zustande kommt. Aber sie ist alltäglich.

Ein Beispiel: Herr P. spielte Tennis mit seiner Frau. Plötzlich verspürte er einen starken Schmerz in der rechten Hand, und ein eigenartiges, schwer zu beschreibendes Unruhegefühl überfiel ihn. Er brach das Tennisspiel ab und fuhr sofort nach Hause. Auf der Treppe kam ihm das Dienstmädchen weinend entgegen. Der Hausarzt bemühte sich bereits um das rechte Handgelenk der acht-jährigen Tochter. Sie hatte es sich beim Spielen gebrochen.

Der englische Psychiater Dr. Kelsey glaubt, dass das Ungeborene das Wissen um sein Alter telepathisch von der Mutter übernimmt, und er warnt werdende Mütter ganz besonders vor einer inneren Ablehnung des Kindes, weil sich dieses dann gegen das Geborenwerden sträube. Die Untersuchungen, die der Russe Naumow an einer gynäkologischen Klinik in Moskau anstellte, ergaben, dass Mütter, die in der Klinik von ihren Kindern völlig isoliert sind, sofort Anzeichen von Nervosität zeigen, wenn *ihr* Baby weint. In 65 Prozent aller Fälle konnten Angstzustände einer Mutter beobachtet werden, wenn das Baby, völlig isoliert von ihr, Schmerzen hatte.

Ärzte und Nachtschwestern können immer wieder die verblüffende Feststellung machen, dass Neugeborene von Wirtsfrauen oft bis Mitternacht wach sind, ohne aber zu schreien, während Neugeborene von Bäckersfrauen morgens um zwei oder drei Uhr häufig unruhig werden.

Es gibt Kinder, die wenige Minuten nach der Geburt so «gekonnt» Daumen lutschen, mit dem Daumen so sicher den Mund finden, dass man daraus schliessen kann, dass sie schon vor der Geburt gelutscht haben. Wenn ein Kind am Daumen lutscht, macht es sich dadurch für den Lustgewinn von der Zustimmung der Aussenwelt unabhängig. Hat ein Kind das schon vor der Geburt nötig?

Wie erlebt man im vorgeburtlichen Milieu?

Bestimmt anders als nach der Geburt. Vermutlich etwa so, wie es uns in den Träumen ergeht, so, wie die Versuchsperson erlebte, mit der der amerikanische Traumforscher Calvin Hall experimentierte. Die Versuchsperson schlief in Halls Laboratorium. Der Raum war schalldicht. An Stirn und Kopfhaut der Versuchsperson waren Elektroden angebracht, um die Hirnströme laufend registrieren zu können. In der Umgebung der Augen waren ebenfalls Elektroden befestigt worden, um Änderungen der Spannungen aufzuzeichnen, die mit den Bewegungen des Augapfels in der Augenhöhle verbunden sind. Hall wusste, dass die Schlafphasen, in denen Träume auftreten, durch eine bestimmte Art der elektrischen Aktivität des Gehirns und durch schnelle Bewegungen der Augäpfel charakterisiert sind. Mit den Augen verfolgt jeder Träumer das Traumbild. Die Augäpfel bewegen sich dann schnell. Solche Phasen werden REM-

Phasen genannt (Rapid Eye Movements). Sie treten in einer Nacht, wenn der Erwachsene schläft, etwa vier- bis fünfmal auf und dauern etwa zwanzig bis fünfundzwanzig Minuten. Ein Teenager befindet sich während eines Fünftels seiner Schlafzeit im REM-Zustand, ein Neugeborenes etwa die Hälfte, ein Frühgeborenes etwa vier Fünftel. Dieser Linie rückwärts folgend, muss man zum Schluss kommen, dass ein Ungeborenes sich ständig in diesem REM-Zustand befindet.

Und was machten nun die amerikanischen Traumforscher mit ihrer Versuchsperson? In der vierten REM-Phase – ihr Beginn konnte auf den Geräten abgelesen werden – stellte sich der Experimentator, der die Experimente in einem andern Zimmer überwachte, einen Boxkampf vor, er stellte ihn sogar pantomimisch dar. Dann wurde der Schläfer vorsichtig geweckt, um zu berichten, was er geträumt hatte. «Die Traumszenerie», sprach er auf ein Tonband, «wechselte in ein grosses Auditorium über. Dort war ein Boxmatch im Gange. Zwei junge Leichtgewichtsboxer kämpften miteinander. Einer war viel besser als der andere. Es schien, als ob sein Gegner besiegt würde und dann ein anderer Boxer sich mit ihm im Ring mass. Dieser begann nicht schlecht auf den alten einzuhämmern. Meine Sympathien wandten sich dem Unterlegenen zu, und ich erinnere mich, dass ich im Traum aufstand und selbst ein paar Mal in die Luft boxte, weil ich mich mit dem Geschehen im Ring so identifizierte.» Der amerikanische Traumforscher Hall schliesst aus diesem besonders erfolgreichen Fall der Übermittlung des Reizmaterials: *«Je intensiver die Mitteilung ist, je öfter sie wiederholt und je verschiedenartiger die Formen sind, in welchen sie übermittelt wird, um so grösser ist die Aussicht, dass sie empfangen wird.»*

Was Hall sagt, gilt nun auch für alle erzieherischen Bemühungen! Lesen Sie darum den letzten Satz nochmals ruhig und natürlich ‹dynamisch›.

Selbstsichere Eltern erziehen richtig!

Nach der Geburt ist der «Nesthocker» Mensch hilflos und auf seine Umgebung angewiesen. Er kann weder aufrecht gehen noch die Sprache der Erwachsenen sprechen. Ohne die Pflege, ohne die Teilnahme der Umwelt an seiner Weiterentwicklung nach der Geburt müsste jeder Neugeborene zugrunde gehen. Hier liegt der Grundstein zu manch falscher Erziehung: Der Erwachsene nimmt sich selbst viel zu wichtig, fühlt sich zu überlegen! Er meint, dem Kind auf die Beine helfen, es bald trocken kriegen zu müssen. Dabei entwickelt, erzieht sich im Grunde jeder selbst.

«Man muss sich wohl vor Augen halten», schreibt Coué in «Selbstbemeisterung durch bewusste Autosuggestion», «dass alle unsere Worte, alle unsere Handlungen nur das Ergebnis von Autosuggestion sind, die meist durch die Suggestion des Beispieles oder des Wortes ausgelöst werden.»

Erwachsene, die ein Kind umgeben, haben immer dann Erfolg mit ihren erzieherischen Bemühungen, wenn sie innerlich ruhig, *selbstsicher* sind. «Sie müssen ihnen (den Kindern) gegenüber immer die gleiche Stimmung zeigen», schreibt Coué, «mit ihnen in mildem, aber festem Tone sprechen. So bringt man sie zum Gehorsam, ohne dass sie überhaupt in Versuchung kommen, sich zu widersetzen.»

Ängstliche Eltern haben ängstliche Kinder. Das ist eine Binsenwahrheit. Mit guten Worten und Ratschlägen, auch wenn diese aus Erziehungsbüchern namhafter Erziehungsforscher entlehnt sind, kann man in der Erziehung nur dann Erfolg haben, wenn damit Sicherheit und Vertrauen geschaffen werden. Sicherheit ist ja ein Gefühl, und Gefühle werden übertragen, wirken ansteckend. Wer von Sicherheit spricht, innerlich aber ängstlich ist, überträgt Angst. Auf das Gefühl, die «Stimmung», wie Coué sagt, kommt es in der Erziehung an.

Selbstunsichere, ängstliche Erzieher reden oft pausenlos auf ihr Kind ein, wollen es im wahrsten Sinne des Wortes zur Einsicht, zu einem bestimmten Verhalten überschwatzen. Es gibt Erzieher, die einem Kind etwas beibringen wollen, was sie bei sich selbst nie zustande bringen könnten. Ein Vater, der selbst nicht aufhören konnte, 20 Zigaretten pro Tag zu rauchen, wollte seinen 15jährigen Sohn von der Schädlichkeit des Rauchens überzeugen und ihn von dieser üblen Gewohnheit abbringen. Ohne Erfolg!

Es kommt vor, dass Erwachsene meinen, ihre Kinder vor Erfahrungen schützen zu müssen, die sie selbst gemacht und als negative Erlebnisse in bester Erinnerung haben; es gibt Eltern, die ein Kind nur darum nicht Ski fahren lassen, weil sie selbst bei diesem Sport einmal ein Bein gebrochen haben. Es gibt Erzieher, die innerlich ängstlich, unsicher sind, von ihren Kindern aber die zur Erbringung normaler Schulleistungen erforderliche Selbstsicherheit und das notwendige Selbstvertrauen fordern. Mütter lassen manchmal ihre Kinder nur deshalb die Schulaufgaben nicht gern allein machen, weil sie als Kind auch nicht imstande waren, Hausaufgaben allein zu lösen. Es gibt Erzieher, die ein Arbeitsgerät deshalb nicht in die Hände eines Kindes geben, weil sie irgendwo, irgendwann einmal gehört, gelesen oder gesehen haben, dass sich ein Kind mit einem solchen Gerät verletzte.

Selbstsichere Eltern erziehen richtig! Selbstsichere Eltern schützen ihr Kind vor drohenden Gefahren, lassen es aber sonst eigene Erfahrungen machen. Selbsterfahrung gibt Selbstvertrauen; Selbsterfahrung ermöglicht erst die Selbstverwirklichung; im Dienste dieser sollten doch die erzieherischen Kräfte stehen. – Kinder sollen nicht in erster Linie die Wünsche der Eltern, sondern sich selbst verwirklichen. Ängstliche Eltern sagen oft: «Uns genügt es, wenn unser Kind die Normalschule besuchen und einen guten Beruf erlernen kann, mehr wollen wir nicht!» – Und das Kind? – Hätte Maria, die Mutter Jesu, so gedacht, so gäbe es heute kein Christentum; ihr Sohn wäre dann vermutlich Möbelschreiner geworden.

Und noch etwas: Ein Mathematiker kann das, was er im Umgang mit Zahlen erfahren hat, nicht einfach auf seine Kinder übertragen. In der Schule müssen Söhne und Töchter eines Mathematikers mit dem Abc und dem Einmaleins beginnen. Ein Vater, der die elektrische Eisenbahn virtuos bedienen kann, muss zusehen, wie sein Sohn mit der gleichen Bahn mühsam umzugehen lernt. Erfahrung kann man einem anderen nicht einfach übergeben. Jeder macht seine eigenen Erfahrungen. Ein Kind kann von den Erfahrungen seiner Eltern profitieren, es muss aber nicht; der Entscheid liegt immer beim Kind. Jeder erzieht sich im Grunde selbst. Das können und wollen viele Eltern nicht begreifen. Sie wollen mehr. Sie wollen – und im Grunde meinen sie es doch nur gut – Lebenseinsichten, eigene Erfahrungen ihren Kindern übergeben. Manchmal drängen sie ihnen diese mit aller Gewalt auf. Das aber ist keine Erziehung, sondern Dressur!

Ein Kind ist kein Haustier

Der Mensch ist zwar in keiner Phase seines Seins ein Tier, aber er ist in vielem dem Tier sehr ähnlich. So, wie man am Verhalten eines Tieres die Denkgewohnheit des Meisters erkennen kann, erkennt man am Verhalten des Kindes die Denkgewohnheit der Eltern.

Tierfreunde behaupten, ihre Tiere verstünden «alles aufs Wort». Eltern schätzen oft einen ähnlichen Gehorsam bei ihren Kindern. Die Verständigung vom Menschen zum Tier geschieht durch die Ursprache der Bewegung. Bewegungen sind aber nur der unwillkürliche Ausdruck unserer Gedanken. So, wie wir im Grunde denken, fühlen wir, und so, wie wir uns fühlen, bewegen wir uns. Tiere und kleine Kinder achten besonders auf diese Bewegungen. Sie richten sich danach. Wenn Kleinkinder und Tiere es in Worte fassen könnten,

könnten sie den Erwachsenen immer sagen, wie diese sich fühlen. Dort, wo das gesprochene Wort die Verständigung zwischen Menschen, aber auch die Verständigung zwischen Mensch und Tier bestimmt, werden die allerkleinsten Bewegungen oft nicht mehr beachtet.

Kleinkindern und Tieren aber entgehen sie nie! Die kleinsten Bewegungen sind die des Gesichts. Darum schauen uns Kinder wie Tiere ins Gesicht. Nicht die menschliche Sprache versteht das Tier oder das Kleinkind, sondern es reagiert viel mehr auf jene Ursprache, die eben ihren Ausdruck auch in Bewegungen findet. Tiere und Kleinkinder im besonderen reagieren weniger auf Worte als auf das, was wir im Innersten denken. Sie «lesen» unsere Gedanken.

Ein bleibender Einfluss lässt sich weder beim Menschen noch beim Tier erzwingen. Wer Tiere dressiert, weiss, wie selten Zwangsregeln dann nötig sind und in wie hohem Grad seine Tiere sich dann gutmütig, gehorsam und arbeitswillig verhalten, wenn er, der Meister, selbstsicher, innerlich ruhig und ohne Angst ist. Gute praktische Erfolge in der Tierdressur hängen weniger von der Güte schriftlicher oder mündlicher Anleitungen ab, als vielmehr eben von der Selbstsicherheit des Menschen, der Tiere dressiert. Im Zirkus, wo Dompteure Vorführungen mit gefährlichen Raubtieren machen, bewundern wir im allgemeinen weniger die Kunststücke, die die Tiere vorführen, als die Selbstsicherheit, die der Dompteur im Umgang mit seinen Raubkatzen zur Schau stellt. Angst und Unsicherheit des Dompteurs hätten verheerende Folgen für ihn. Seine positive Grundstimmung, seine Sicherheit und sein Selbstvertrauen dagegen übertragen sich auf die Tiere und machen sie gutmütig, gehorsam und arbeitswillig. Dasselbe kann man durchwegs auch von der Erziehung der Kinder sagen. Selbstvertrauen weckt sofort Vertrauen, beim Menschen wie beim Tier. Wer von einem Hund angebellt und bedroht wird, kann sich innerlich ruhigstellen, indem er denkt, dass der Hund nicht die geringste Veranlassung hat, ihm etwas zu tun, ja dass er ihm gar nichts tun kann. Bei vollkommener innerer Ruhe werden genau diese Gedanken übertragen, und das Tier beruhigt sich sofort und wendet sich ab. Aber eben! Innerlich ruhig bleiben, loslassen, das ist für die meisten Menschen das Problem. Dennoch: es ist lernbar, Übungssache, durch bewusste Anwendung der Autosuggestion sicher erreichbar.

Wenn Sie selbst Tierhalter sind, dann üben Sie positive Gedankenübertragung mit Ihrem Tier. Sie können sich damit auf Ihre eigene Selbstsicherheit prüfen. Das Tier ist der Spiegel der Seele des Meisters. Hunde raufen, wenn ihre Meister innerlich unsicher sind und mit harten Worten und festem Willen versuchen, ein Tier zu beruhigen. Wer seinen Hund knurren hört, denkt in der Regel sofort an Rauferei. Die Angst, die dieser Gedanke auslöst, überträgt sich auf das Tier, und es beginnt, sich auf eine Rauferei einzustellen, bäumt sich an der Leine auf. Hunden, die sich selbst überlassen sind, genügt ein in ihrer Sprache knurrendes Drohen mit den entsprechenden Gebärden, damit die Sicherheit eines jeden vor Übergriffen des andern gewahrt bleibt. Eigentliches Raufen, bei dem Bisse fallen, ist selten. Greifen ängstliche Meister in die Rauferei der Tiere ein, wollen sie sie trennen, so erreichen sie im allgemeinen genau das Gegenteil von dem, was sie wollen. Wer weggeht, die Tiere sich selbst überlässt, sich also lösen kann, erlebt, dass die Tiere aufhören zu raufen, noch einige Zeit knurren und sich dann voneinander abwenden. Der im Umgang mit Tieren Geübte weiss dies, und der autosuggestiv Trainierte denkt nicht einen Augenblick daran, dass sein Hund raufen könnte. Und sein Hund rauft nicht! Im Verhalten des Tieres erkennt man stets die Denkgewohnheit des Meisters, im Verhalten seines Tieres erkennt sich der Hundehalter selbst. Wenn er dies will!

Ganz ähnlich ist es beim Kind. Das Verhalten des Kindes, insbesondere des Kleinkindes, spiegelt in manchem die Denkgewohnheiten der Eltern. Der Mensch ist tierähnlich, er ist aber in keiner Phase seines Seins ein Tier. Ein wichtiger Unterschied zwischen Mensch und Tier lässt sich an folgendem Beispiel veranschaulichen: Wenn ein Kind und ein Tier zu Hause beim Kochen zuschauen, so kann das Tier auch nach Jahren nicht kochen; der Mensch aber kann es! Der Mensch hat die Fähigkeit zu sagen:

Ich kann, ich kann...

Er kann *sich selbst* unerwünschte Eigenschaften abgewöhnen, erwünschte angewöhnen. Diese Fähigkeit hat, soweit wir wissen, nur der Mensch. Und darum kann er Autosuggestion bewusst anwenden. Darum erzieht sich der Mensch im Grunde selbst.

7. Wie sich Kinder gute Eigenschaften angewöhnen, schlechte abgewöhnen

Sie haben richtig gelesen. Nicht *Sie* sollen Ihren Kindern gute Eigenschaften angewöhnen, schlechte abgewöhnen, die Kinder gewöhnen sich diese selbst an oder ab. «Das wäre ja schön!» rufen nur diejenigen aus, die noch keine Kenntnis vom Wesen und der Wirkungsweise der Suggestion haben.

Coué, von dem ich in diesem Buch schon oft berichtete, rät folgendes: «Jede Nacht, sobald das Kind eingeschlafen ist, nähert man sich ihm leise, ohne es zu wecken, bleibt ungefähr einen Meter von seinem Kopf weg und sagt ihm etwa zwanzig bis fünfundzwanzig Mal mit leiser Flüsterstimme das vor, was man von ihm wünscht!» Eine junge Mutter machte, was Coué sagte. Nacht für Nacht, sobald ihr Kind eingeschlafen war, näherte sie sich ihm leise, ohne es zu wecken. Die Mutter blieb genau nach Vorschrift etwa einen Meter vom Kopf des Kindes weg und sagte fünfundzwanzig Mal mit leiser Flüsterstimme: «Du fühlst dich sicher und wohl, du hast Selbstvertrauen.» Sie wollte auf diese Weise die Schulleistungen des Kindes verbessern. Der erhoffte Erfolg blieb aus. Aber die Mutter gab nicht auf. Eines Nachts, als sich die Mutter wieder leise ihrem Kind näherte und leise zu flüstern begann: «Du fühlst dich sicher und wohl, hast Selbstvertrauen!», warf sich das Kind, das nicht geschlafen, sondern nur die Augen zugedrückt hatte, plötzlich herum und rief aus: «Hör endlich auf damit, Mutti!» Die Mutter erschrak, fühlte sich blossgestellt und weinte.

Warum wies das Kind die Beeinflussung ab, was machte die Mutter falsch? Sie hatte sich doch genau an die Anweisungen Coués gehalten. Gewiss! Aber diese Mutter hatte *Angst*, die Schulleistungen des Kindes könnten so tief abfallen, dass ihr Kind die Klasse wiederholen müsste. Diese Blossstellung wollte diese Mutter sich und ihrem Kind ersparen. Wer Angst hat, suggeriert Angst! Da nützen die schönsten, positiven Formeln nichts. Wenn Kinder unruhig, unsicher, ängstlich werden, ist dies der beste Beweis dafür, dass der Erzieher Angst suggeriert. Wer innerlich ruhig und sicher ist und nicht bloss meint, er sei es, suggeriert Ruhe und Sicherheit. Solche Suggestionen nimmt das Kind gerne an.

Die Kinder selbstsicherer Erzieher kauen im allgemeinen keine Nägel, machen im Schulalter nicht mehr ins Bett, stehlen auch nicht; sie fühlen sich im allgemeinen immer und überall wohl, haben regelmässigen Appetit, naschen nicht vor dem Mittagessen, schlafen gut bei Nacht, sind in der Schule aufmerksam, lernen gut und leicht, sind höflich andern gegenüber. Wenn selbstsichere Eltern ihre Kinder mit positiven Suggestionen in den Schlaf begleiten, nehmen die Kinder diese Suggestionen an und schaffen sich damit eine positive Lebensgrundlage. Ich habe es selbst erlebt: Kinder sind begeistert von positiven Sprüchen, wenn diese auf einer Vertrauensgrundlage übergeben werden.

Das Sprüchlein:
Es geht mir mit jedem Tag
in jeder Hinsicht immer besser und besser

ist auch schon für ein Kind ein sehr wertvoller Wegbegleiter. Wenn ein Kind sprechen gelernt hat, kann es dieses Sprüchlein übernehmen, und es hat damit bereits ein «Werkzeug» zur Hand, mit dem es sich jederzeit positiv beeinflussen kann. Niemals aber kann man ein Kind zwingen, ein solches Sprüchlein anzunehmen!

Und noch etwas: man darf nicht erwarten, dass die guten Vorsätze immer sofortige Wirkung zeigen. Richtige, dauerhafte Umgewöhnung braucht in der Regel Zeit. Ermahnungen, Befehle oder gar Strafen können sofortige Wirkung zeigen; sie sind aber nicht dauerhaft, und oft schaden sie dem Kind in seiner Entwicklung. Wenn ein Kind einen guten Vorsatz angenommen hat, dann kommt der Erfolg, er muss kommen; manchmal kommt er erst mit der Zeit.

Schulleistungen im allgemeinen

«Es könnte schon, wenn es wollte, es ist doch so intelligent!», ist eine oft gehörte Klage der Eltern, wenn ein Kind in der Schule nicht die erwarteten Leistungen erbringt. Diese Meinung ist falsch. Solche Kinder machen gewaltige Willensanstrengungen. Das Kind könnte, wenn es sich *innerlich nicht anstrengen* würde. Es gibt kein Kind auf der Welt, das in der Schule schlechte Noten erhalten will. Wer sich innerlich anstrengt, wer Willensanstrengungen macht, erreicht genau das Gegenteil von dem, was er will. «Ich will jetzt endlich schlafen!», rufen diejenigen aus, die abends wach im Bett liegen und keinen Schlaf finden können. Wer schlafen *will,* wird wacher und wacher. Genauso ergeht es den Kindern in der Schule. Je mehr sie gute Leistungen erbringen wollen, desto weniger gelingt es ihnen. Vor lauter Willensanstrengung sind solche Kinder müde, erschöpft. Viele Eltern legen dies als Faulheit aus. Wer so denkt, versteht die Psyche des Kindes noch nicht. Jedes Kind möchte in der Schule gut sein. Die Begründung ist einfach: Die Verwirklichung des Menschen findet im gesellschaftlichen Leben statt, und die *Selbstverwirklichung* ist nicht etwas, das man erstreben, auf das man aber nach Belieben auch verzichten kann, sondern sie ist lebensnotwendig. Wer sich im sozialen Gefüge einer Gesellschaft nicht verwirklichen kann, vereinsamt und geht innerlich zugrunde. Dies spüren nicht nur Erwachsene, sondern auch Kinder. Diese ganz besonders! Ganz auf sich zurückgezogen kann nicht einmal der Einsiedler leben. Auch er hat noch soziale Kontakte. Und er braucht sie!

Gute Schulleistungen bringen soziale, gesellschaftliche Anerkennung. Für das Kind ist es lebenswichtig, dass es von den Eltern, dem Erzieher, auf den es ganz angewiesen ist, «anerkannt» wird. Darum strengen sich alle Kinder in der

126

Schule an. Wenn der Schulerfolg ausbleibt, bekommt das Kind Angst. Die Eltern-Kind-Beziehung wird dadurch enger. Der Erzieher will dem Kind helfen, es stützen. Dadurch wird das gegenseitige Abhängigkeitsverhältnis grösser und grösser, die gesunde Entwicklung des Kindes aber gestört.

Jeden Morgen musste die Frau eines Unternehmers ihren einzigen Sohn buchstäblich in die Schule zwingen. «Es stinkt mir», war sein gewohnter Ausruf. Die Schulleistungen waren ungenügend, im mündlichen Unterricht fiel der Knabe ganz ab. Was war der wahre Grund dieser Misere? Die Eltern des Knaben lebten schon seit langem in grossen Spannungen. Der Vater wollte die Scheidung, die Mutter die Ehe retten. Die Eltern vereinbarten, diesen Knaben noch grosszuziehen und sich dann scheiden zu lassen. Kann diese Mutter, die sich im Innersten ihres Herzens nicht scheiden lassen will, aufrichtig und ehrlich wünschen, dass ihr Kind erwachsen wird? Gerade davor hatte sie Angst. Sie klammerte sich innerlich an das Kind. Die Entfaltung des Knaben wurde dadurch gehemmt. An ein Kind aber, das sich nicht zu entfalten vermag, kann man auch keine erhöhten schulischen Anforderungen stellen. Es *muss* versagen.

Die Mutter sah das Unsinnige ihres Verhaltens ein. Sie konnte umdenken. Mit der Zeit gewann sie Vertrauen in das Leben und sie löste sich innerlich von ihrem Mann und ihrem Sohn mit der Formel:

Ich lasse ihn los,
weil ich ihn liebe.

Der Knabe übernahm die Gedanken seiner Mutter. Er spürte ihre innere Umstellung. Ihm gefiel die Formel:

Ich lerne leicht und mit Freude,
Schule macht Spass.

Die Mutter hielt den Jungen nicht mehr zu Schularbeiten an. Sie weckte ihn auch nicht mehr am Morgen, und er erschien immer rechtzeitig in der Schule. Der Junge wurde mit jedem Tag selbständiger. Eine kurze Zeitlang fühlte sich diese Mutter ihrer erzieherischen Aufgabe beraubt. Dann begann sie, halbtags zu arbeiten. Die innere Umstellung, die diese Mutter fertig gebracht hatte, wirkte sich auch günstig auf die Ehe aus. Der Mann spricht nicht mehr von Scheidung.

Verbesserung der Leistung

Ein Verkäuferlehrling verbesserte seine Leistungen im Französischen mit der Formel: *Ich spreche französisch ganz fliessend und frei.*

Sicherheit im mündlichen Unterricht

Ein Schüler, der kurz vor dem Abitur stand, hatte immer noch Angst, im mündlichen Unterricht eine falsche Antwort zu geben und dadurch zum Gelächter seiner Klasse zu werden. Er trainierte inneres Loslassen und gab die Formel ein:
Ich antworte ruhig, sicher und frei,
was andere denken, ist mir egal dabei.

Ein 13jähriges Mädchen überwand seine Unsicherheit im mündlichen Unterricht mit der Formel:
Ich spreche klar und deutlich.

Steigerung der Konzentrationsfähigkeit

Ein 10jähriges Schulmädchen verbesserte nicht nur seine Konzentrationsfähigkeit, sondern auch seine Sicherheit im Umgang mit Schulkameraden mit einem Sprüchlein, das es von seinem Vater angenommen hatte:
Ich lerne leicht und behalte alles.

Seine Konzentrationsfähigkeit steigerte ein Mittelschüler mit dem Vorsatz:
Ich arbeite ruhig, gesammelt und gern.

Selbständiges Arbeiten

Ein 12jähriger Schüler lernte selbständig zu arbeiten mit dem Sprüchlein:
Ich mache meine Schularbeiten allein.

Proben- und Prüfungssicherheit

Auf seine Proben und Prüfungen bereitete sich ein 13jähriger Schüler mit der Formel vor:
Ich schaffe es.

Und ein Mädchen, das in der vierten Klasse zwar gute Leistungen erbrachte, vor Proben und Prüfungen aber dennoch nervös war, nachts schlecht schlief und sich am Morgen erbrach, konnte sich mit der Formel:
Ich bin ruhig und frei
beruhigen.

Durchsetzungsvermögen

Seitdem ihm die Formel:

Ich schlafe gut
und zeige Mut

gefiel, konnte sich der 11jährige P. auf dem Schulhausplatz auffallend gut durchsetzen.

Kontaktfähigkeit

Mit dem Sprüchlein:

Ich bin freundlich und frei

verbesserte die 12jährige S. ihren Umgang mit Kindern und Erwachsenen merklich.

Entfaltung der Persönlichkeit

Formelhafte Vorsätze sind, von wenigen Ausnahmen abgesehen,

kurz und positiv.

«Ich bin nicht feige», «Ich habe keine Angst», «Ich tue das nicht!» sind keine guten Vorsatzbildungen. Die guten sind:

Ich bin mutig und frei
Es gelingt leicht
Ich lerne leicht und behalte alles
Ich kann, ich kann ...
Es geht mit jedem Tag
in jeder Hinsicht immer besser und besser.

Eltern dürfen nicht überrascht sein, wenn Kinder plötzlich erfolgreich sind und ihnen alles leicht von der Hand geht. Wenn Kindern gute Vorsätze gefallen, dann haben sie Erfolg.

Es herrscht manchmal noch die Meinung vor, Kinder müssten so und soviel Zeit bei den Schulaufgaben verbringen. Diese Meinung ist falsch. Es gibt Kinder, sehr viele sogar, die sehr leicht und gut lernen, in sehr kurzer Zeit ihre Aufgaben machen. Dies lässt die Vermutung aufkommen, das Kind mache es sich zu leicht. Nicht die Zeit, die ein Kind mit Schulaufgaben verbringt, ist entscheidend; ausschlaggebend ist doch der Erfolg.

Wenn ich Eltern sage, sie sollen Kinder *innerlich* loslassen, bekomme ich oft zu hören: «Das darf man doch nicht, man muss doch seine Kinder gernhaben!» Wer ein Kind wirklich liebt, lässt es innerlich los. Eltern, die unsicher sind und Angst haben, binden Kinder eng an sich. Gegen solche Fesseln wehrt sich jedes Kind, denn sie stören seine Entwicklung. Das merkt das Kind. Ich habe von Müttern und Vätern gehört, dass sie ihren Kindern auf dem Schulweg nachschleichen. Ich weiss von Eltern, dass sie ihren Kindern nachschleichen, um herauszubringen, mit welchen Spielkameraden sie sich abgeben. Solche Eltern sind misstrauisch und ängstlich. Solche Eltern oder Elternteile müssen zuerst sich selbst helfen, dann können sich auch ihre Kinder selbst helfen!

8. Wie man sich selbst gute Eigenschaften angewöhnt

Man kann seine Eltern ja nicht aussuchen! Im vorgeburtlichen Sein, in den ersten Lebensjahren ganz besonders, waren wir extrem abhängig vom Denken jener, die uns betreuten. Ihren Einflüssen waren wir ausgesetzt, konnten uns ihnen nicht ohne weiteres entziehen.

Natürlich kommt es so gut wie nirgends vor, dass Menschen, in deren Obhut ein Mensch heranwächst, nur positiv denken. Wer aber das Glück hatte, in einer Umgebung heranzuwachsen, in der die Vorstellung vorherrschte, das Kind werde an Körper und Seele gesund und widerstandsfähig, es werde intelligent und rechtschaffen sein, erlebt jetzt die Verwirklichung dieser Vorstellung. Wer dieses Glück nicht hatte, braucht nicht zu verzagen. Er hat die Möglichkeit, durch bewusste Anwendung der Autosuggestion bei sich selbst eine positive Gedankengrundlage herbeizuführen.

Freude an der Arbeit

Wer eine Arbeit, die sowieso getan werden muss, langweilig findet, redet in Gedanken mit sich selbst: «Diese Arbeit ist langweilig, warum muss gerade ich diese Arbeit machen? Wenn sie doch nur schon erledigt wäre! Putzen, wozu? Am nächsten Tag sieht man ja doch nichts mehr davon!» Solche und ähnliche Gedanken wirken suggestiv, weil sie die Arbeit mit grösster Selbstverständlichkeit begleiten. Solches und ähnliches Denken soll man sich abgewöhnen. Wer denkt: «Die Sache muss eben getan werden, wenn ich die Arbeit mache oder machen muss, so tue ich sie auch richtig,

130

Arbeiten macht Spass»,
erlebt, dass jede Arbeit nicht nur leichter von der Hand geht, sondern auch Freude macht.

Ein Angestellter fand seine Büroarbeit eintönig, langweilig. Er freute sich auf den Abend, an welchem er sich Meditationen hingab. So richtig glücklich und zufrieden war er erst, als er mit der Formel:
Arbeiten macht Spass
auch an seiner Büroarbeit, mit der er immerhin acht Stunden eines Tages beschäftigt war, Gefallen fand.

Inneres Loslassen bei der Arbeit vermittelt Lebensfreude. Die Art der Arbeit spielt im Grunde doch überhaupt keine Rolle! Die Hauptsache ist, dass man sie gerne tut. Und man kann jede Art von Arbeit gerne tun.

Die Lust an der Arbeit hatte ein 35jähriger Buchhalter verloren, weil er einsah, dass eine Verbesserung seiner Position in dieser Firma nicht möglich war. Ein Firmen-Wechsel kam für ihn nicht mehr in Frage. Seine Grundausbildung war mangelhaft, in einer neuen Firma hätte er von vorn beginnen müssen. Zudem hatte er eine vierköpfige Familie durchzubringen. Es war ihm klar, dass er seine Arbeit weiterhin tun musste. Das machte ihn traurig und verbittert; er arbeitete lustlos. Als er begreifen konnte, dass inneres Loslassen Lebensfreude schafft, probierte er es mit der Formel:
Jede Arbeit macht Spass.
Erstaunlich rasch ging er wieder aufrecht, sicheren Schrittes ins Büro. Heute sieht er in seiner Arbeit einen Sinn. Arbeiten macht ihm Spass!

Steigerung der Arbeitsleistung

Ein Student der technischen Hochschule erreichte eine deutliche Steigerung seiner Arbeitsleistung und Erleichterung seiner Auffassungsfähigkeit mit dem Vorsatz:
Das Gehirn ist gut durchblutet.

Von einer ähnlich guten Wirkung berichtet ein 40jähriger Kaufmann, der mit der Formel:
Mein Gehirn ist gut durchblutet und arbeitet entsprechend gut
übte.

Seit sie mit der Formel:

Mein Kopf ist ruhig und leicht

trainiert, hat die 28jährige Verwaltungssekretärin M. K. keinen schweren Kopf mehr bei ihrer Arbeit.

Gute Gedächtnisse

Der Mensch hat nicht ein Gedächtnis, sondern viele Gedächtnisse. Ich habe darüber in meinem Buch «Denk an deine Seele» ausführlich berichtet. Wir haben ein Namengedächtnis, Personen-, Tatsachen-, Musik-, Farben-, Formen-, Zahlen-, Ortsgedächtnis usw. Die verschiedenen Gedächtnisse stellen schliesslich das Gesamtgedächtnis dar.

Ein Student der technischen Hochschule verbesserte sein Zahlengedächtnis mit der Formel:

Das Zahlengedächtnis behält
und gibt wieder.

Ein 26jähriger Angestellter wurde von seinem Arbeitgeber zu einem besonderen Lehrgang seines Faches, einem Managementtraining, geschickt. Die Angst, nicht mehr so leicht wie früher zu lernen, beseitigte er mit dem Vorsatz:

Der Lehrgang lernt sich leicht.

Eine 39jährige Frau, die sich auf die theoretische Fahrprüfung vorbereitete und dabei oft das Gefühl hatte, es wolle ihr nichts im Kopf bleiben, half sich selbst mit der Formel:

Lernen fällt leicht, ich behalte alles.

Sie bestand die Prüfung im ersten Anlauf.

Examenssicherheit

Ein Student suggerierte sich Examenssicherheit mit der Formel:

Die Arbeit zum Examen gelingt mir leicht und gut,
ich schaffe es.

Durchsetzungsvermögen und innere Sicherheit in Beruf, Ehe und Sport

Ein 24jähriger Betriebsfachmann übte erfolgreich mit dem Vorsatz:

Ich setze mich durch.

Mit diesem Vorsatz gewann er Sicherheit und Selbstvertrauen im Betrieb; von seinen Untergebenen wird er jetzt akzeptiert und ernst genommen.

Ein 30jähriger Bankkaufmann glaubt, seine Beförderung der Formel:
Ich bin aktiv und komme voran
zu verdanken.

Und ein 40jähriger Gemeinderat und Unternehmer festigte sich innerlich mit der Formel:
Ich handle klar, bestimmt und fest.

Die 35jährige Anwältin P., die in die Politik eingestiegen war, festigte sich im Kreise ihrer männlichen Konkurrenten mit dem Vorsatz:
Ich bin unter Männern ruhig, fest und frei
und vertrete mein Recht.

Eine andere Frau, die als Hausfrau in die Schulpflege gewählt worden war, machte sich immer wieder Mut mit dem Vorsatz:
Ich bin mutig, gelassen und frei;
Kritik ist mir gleichgültig dabei.

Eine junge Lehrerin, die noch stark unter dem autoritären Einfluss ihrer eigenen Eltern stand und darum in Elterngesprächen verunsichert war, befreite sich innerlich mit der Formel:
Ich spreche fest und frei,
die Ruhe bleibt dabei.

Ein Direktor erlebte eine deutliche Verbesserung des Betriebsklimas und seines Durchsetzungsvermögens, nachdem er einige Zeit mit dem Sprüchlein:
Ich gebe andern Sicherheit
trainiert hatte.

Ein junger Mann, der sein Glück im Verkauf suchte, jedoch gehemmt war (das «Türfallen-Putzen» bereitete ihm grosse Mühe), trainierte erfolgreich mit der Formel:
Ich weiss um meinen Wert
und vertrete unbeschwert.

Eine deutliche Besserung seines Umsatzes konnte ein anderer Verkäufer freudig feststellen, nachdem er einige Zeit mit dem Vorsatz:

Ich sehe in die Augen,
bin ruhig, sicher und frei
trainiert hatte. Mit dieser Formel konnte er endlich die üble Gewohnheit beseitigen, den Menschen nicht in die Augen zu sehen, wenn er sie ansprach.

Die ganze Verwandtschaft und Nachbarschaft wusste es: die 25jährige Hausfrau wurde von ihrem jungen Ehemann unterdrückt. Ihr Mann sprach überall abschätzig von Frauen. Er vertrat die Meinung, Hausarbeit sei Frauenarbeit; eine Frau gehöre ins Haus und nicht an einen Arbeitsplatz. Er «bewilligte» seiner Frau einen Englischkurs. Doch abends, wenn er nach Hause kam, musste sie zu Hause sein und das Nachtessen auf dem Tisch stehen. Oft wartete sie vergebens; er fand es nicht für nötig, zu telefonieren, wenn er sich verspätete. Dafür musste seine Frau Verständnis haben. Die junge Frau befreite sich vom tyrannischen Einfluss ihres Mannes mit der Formel:
Behandelt er mich schlecht,
so vertrete ich mein Recht.
Sie wurde immer aktiver und gestaltete ihr Leben selbst. Dem Mann passte dies gar nicht; doch sie blieb stark. Heute ist dieser Mann stolz auf seine selbständige und unternehmungsfreudige Frau.

Frauen, die sich innerlich nicht verselbständigen, werden abhängig. Schliesslich können sie nichts mehr tun, kaufen, beantworten, ohne vorher den Mann zu fragen. Solche Abhängigkeit ist auf die Dauer jedem normalen Ehemann lästig. Der Ehemann, der seiner Frau keinen Spielraum gewährt, sie abhängig von sich macht, gräbt sich eine Grube, in die er schliesslich selber fällt.

Weltklasseschachspieler, Spitzensportler hatten grosse Erfolge mit den Formeln:
Ich gewinne das Match;
angreifen, angreifen, angreifen;
nicht aufgeben!

Unabhängig von der Meinung anderer

Ein 50jähriger Dozent war immer noch abhängig von der Meinung anderer. Er war sehr leicht beeinflussbar. Er gewann Sicherheit mit der Formel:
Kritik ist gleichgültig,
ich vertrete meinen Standpunkt.

Abschalten können

Ein 30jähriger Ingenieur konnte, wenn er abends nach Hause kam, nicht sofort abschalten. Über das Wochenende war er oft nur ein paar Stunden ganz bei seiner Familie. In Gedanken war er immer bei der Arbeit. Das belastete seine junge Ehe. Die Frau warf ihm vor, mit seinem Beruf verheiratet zu sein. Mit der Formel:

Die Firma ist zuhause ganz gleichgültig;
Frau und Kind sind wichtig

lernte er abschalten.

Über das Wochenende wurde er einmal mit seiner Familie von einem seiner Bürokollegen nach Hause eingeladen. Beim Abendessen wollte der Arbeitskollege über das Geschäft reden. Die Formel wirkte! Der Eingeladene schaute seinen Gastgeber verdutzt an und sagte ihm sicher und bestimmt: «Darüber können wir morgen im Büro sprechen; jetzt bin ich frei!» Die beiden Frauen waren von diesem entschlossenen Verhalten begeistert; der Gastgeber fragte: «Was ist bloss jetzt in dich gefahren?» «Ich schalte ab!» entgegnete der Eingeladene. Sein Kollege machte es ihm später nach.

Selbstbeherrschung

«Und wenn es manchmal bei Ihnen vorkommt», pflegte Coué zu suggerieren, «dass Sie Anwandlungen von Ungeduld und Jähzorn bekommen, so werden diese Anwandlungen von nun an ausbleiben. Sie werden vielmehr stets geduldig sein und immer Selbstbeherrschung üben. Und die Dinge, die Ihnen bis jetzt verdriesslich waren, Sie geärgert und aufgeregt haben, werden Sie von jetzt ab gleichgültig, werden Sie ruhig, völlig ruhig und kalt lassen.»

Wer innerlich loslassen kann, hat Selbstbeherrschung. Wer sich innerlich anstrengt, erreicht das Gegenteil! Dies musste ein 45jähriger technischer Angestellter erfahren. Immer wenn er sich an den Mittagstisch setzte, wurde er von Ungeduld befallen. Vor allem wenn seine Kinder nicht ganz still waren, eines von ihnen den Löffel nicht richtig in die Hand nahm, nicht so ass, wie er sich das vorstellte, bekam er einen Jähzornanfall. Er übte Entspannung, und ihm half schliesslich die Formel:

Ungeduld und Jähzorn bleiben fern,
ich esse langsam, gut und gern.

Positive Lebenseinstellung

«Wenn es anderseits bisher hie und da vorgekommen ist», suggerierte Coué seinerzeit, «dass Sie sich gegrämt haben oder schwarzen Gedanken nachgingen, so wird das von jetzt ab nicht mehr der Fall sein. Statt traurig, verdüstert zu sein, statt sich zu grämen, Trübsinn nachzuhangen und über schwarzen Gedanken zu brüten, werden Sie heiter sein, sehr heiter, möglicherweise ohne jeden Grund, aber trotzdem heiter, ganz wie Sie früher ohne Grund traurig waren. Ja, mehr noch! Sogar wenn Sie wirklichen Grund zu Betrübnis und Gram haben, werden Sie sich weder betrüben noch grämen.»

Eine 70jährige Coué-Anhängerin hat Erfolg, Lebensfreude mit der Formel:
Es geht mir mit Gottes Hilfe mit jedem Tag
in jeder Hinsicht immer besser und besser.
Jahrzehntelang übt sie schon mit dieser Formel. Es ist ihr zu einem Bedürfnis geworden, diese täglich mehrmals einzugeben.

Einer 25jährigen Studentin dagegen gefiel die Sondersuggestion:
Was immer auch sei,
ich bin gelöst heiter und innerlich frei.

Ein Lehrer stellte sich positiv ein mit der Formel:
Ich sehe überall das Gute.

Wenn das Schicksal hart zuschlägt

«Ein Unglück kommt selten allein», heisst ein bekanntes Sprichwort. Familie M. verlor eines ihrer Kinder durch einen tragischen Unfall. Das 4jährige Mädchen spielte mit andern Kindern am Ufer des Dorfbaches. Der Kessel, in den es Sand einfüllen wollte, fiel in den Bach. Das Mädchen versuchte, den Kessel zu erlangen, fiel dabei in den Bach und ertrank. Ein zweites Kind dieser Familie konnte dem Unterricht in der Normalschule nicht mehr folgen und musste einer Sonderschule zugewiesen werden. Ein Knabe ist fast blind, der andere hat Leukämie. Trotzdem verloren die Eltern den Mut nicht. Der Mutter hilft der Gedanke:
Ich bleibe geduldig
und ihr Glaube an Gott.

9. Gesundsein ist nicht alles,
aber ohne Gesundsein ist alles nichts

Kranksein, was ist das?

Doktor Lucci, die Schweizer Ärztin, die über das Leben und Wirken des französischen Heilkünstlers Coué berichtete, erklärte dies so: «Bei jedem Kranksein irgendwelcher Art kann es sich nur um folgendes handeln:
1. Entweder arbeitet ein Organ oder arbeiten mehrere Organe nicht richtig. Ihre Funktion ist gestört. Oder:
2. Ein Organ ist teilweise oder ganz zugrunde gegangen.

Für diesen zweiten Fall gilt, dass ein lange Zeit krankes Organ seine wesentlichen Bestandteile so ändern kann, dass sie nicht mehr das den Zellen dieses Organs eigene Wesen haben und für die Arbeit überhaupt nicht mehr in Betracht kommen. Dieser Zustand kann in den verschiedensten Abstufungen bestehen und ausserdem vergesellschaftet sein damit, dass die vorhandenen Teile des Organs falsch arbeiten. Er kann bis zum völligen Entarten eines Organs gehen, z. B. wenn ein Auge vollständig geschrumpft ist. Hierher gehören auch die Fälle, in denen ein Organ vom Körper getrennt worden ist.

Jede Krankheit in jedem Organ beginnt damit, dass dieses Organ schlecht zu arbeiten anfängt, und da es lange, bei den meisten Krankheiten, zum Glück, sehr lange gehen kann, bis die falsch arbeitenden Gewebe sich ganz zugrunde richten, *so handelt es sich bei vielen Krankheiten,* auch bei solchen, die seit Jahrzehnten bestehen, oft zum grossen Teil *mehr um ein unrichtiges Arbeiten der Organe* als um einen unwiederbringlichen Verlust arbeitender Zellsubstanz.»

Und welche Krankheiten
sind durch richtige Anwendung der Autosuggestion heilbar?

Hören Sie dazu wieder die Ärztin Dr. Lucci: «Krankheiten nun, die in einer Störung der Arbeit der Organe bestehen, sind vollkommen heilbar; von diesen Krankheiten ist zu sagen, dass sie heilen *müssen,* wenn man die bewusste Autosuggestion richtig ausübt!»

Das sind gute, sehr gute Aussichten. Denn bei den meisten Krankheiten handelt es sich ja um unrichtiges Arbeiten eines oder mehrerer Organe.

Atmen bedeutet Leben

Das ist wörtlich wahr. Wochenlang kann der Mensch auf feste Nahrung, tagelang aufs Trinken verzichten. Des Atems beraubt aber ist er schon nach wenigen Minuten tot. Der Atem war vor uns da. Vor unserer Geburt atmete die Mutter für uns. Seit der Ankunft in dieser Welt, in der jeder von uns nur für relative kurze Zeit bleiben kann, seit dem Einsetzen unseres ersten selbständigen Atmungsaktes begleitet rhythmisches Ein- und Ausatmen unser Leben bis zum letzten Atemzug. Als Kleinkinder konnten wir ausgezeichnet, ganz natürlich atmen. Wer verkrampft, gespannt ist, atmet nicht mehr natürlich. In meinem Buch «Denk an deine Seele» habe ich ausführlich über die Bedeutung der Atmung geschrieben. Wer richtig atmet, so wie es Kinder noch tun, *lässt* atmen. Bei vollkommener körperlicher Entspannung soll die Formel für eine gesunde Atmung lauten:

Es atmet mich.

Sie haben richtig gelesen: Nicht Sie atmen, es atmet Sie. Wer ganz entspannt ist, innerlich losgelöst, überlässt sich ganz seiner Atmung, diesem Lenkrad des Lebens. Die gesunde Atmung ist ganz ruhig und gleichmässig, geräuschlos.

**Langsames Essen und eine gute Verdauung
sind die Grundlage für das gute Arbeiten aller Organe**

In seiner suggestiven Ansprache sagte Coué: «Zuerst sage ich Ihnen, dass die Hauptarbeit Ihres Körpers, die die Grundlage für das gute Arbeiten aller Organe und für den ganzen Körperhaushalt ist, nämlich die Aufnahme, Verdauung und Ausnützung der Nahrung, reibungslos und glatt vonstatten gehen wird. Sie werden dreimal täglich, morgens, mittags und abends, zu den Essenszeiten Hunger haben. Ich meine nicht Heisshunger, so, dass Sie sich auf die Speisen stürzen, sondern jenes angenehme Gefühl, aus dem heraus man denkt oder sagt: ‹Oh, wie freue ich mich aufs Essen!› Und Sie werden auch wirklich gerne, sehr gerne essen, ohne jedoch zuviel zu essen. Sie werden die Speisen gut, sorgfältig und lange genug kauen und langsam essen. Die meisten Menschen verstehen nicht zu essen, sie verschlingen ihre Nahrung. Das ist nicht das Richtige. Sie werden sich also Zeit lassen und gründlich kauen, bis die Bissen in einen ganz weichen Brei verwandelt werden, der leicht verschluckt werden kann. Unter solchen Voraussetzungen werden Sie auch gut verdauen und keinerlei Unbehagen, Vollsein, keinen Schmerz irgendwelcher Art fühlen, weder im Magen noch im

Darm. Die Ausnützung der Nahrung geht gut vor sich, und sie wird Ihrem ganzen Körper zugute kommen, der sie in Blut, Muskeln, Kraft, Energie, mit einem Worte: sie in Leben umsetzen wird. Ihr Blut wird von Tag zu Tag besser und reicher an roten Blutkörperchen, Sie werden immer stärker, leistungs- und widerstandsfähiger.»

Ein junger Vertreter fasst diese Worte Coués zusammen in die Formel:
Ärger, Arbeit bleiben fern,
ich esse langsam, gut und gern.

«Da Sie gut verdaut haben werden», fährt Coué in seiner weltbekannten suggestiven Ansprache fort, «geht auch die Entleerung auf normale Weise vor sich, und jeden Morgen, entweder sofort nach dem Aufstehen oder 20 Minuten nach dem Morgenessen (Sie können wählen), werden Sie Stuhldrang verspüren, und ohne jemals etwas einnehmen oder zu einem künstlichen Hilfsmittel greifen zu müssen, werden Sie dann einen normalen Stuhlgang haben.»

Diese Worte Coués fasste die 21jährige Hausangestellte K.M. zusammen in die Formel:
Der Darm arbeitet pünktlich und ruhig!
Ich erzwinge nichts,
alles geschieht von selbst.

Der Einfluss der allgemeinen Autosuggestion auf die Gesundheit

«Das Herz schlägt normal», fügte Coué in seiner Ansprache hinzu, «und treibt das Blut in alle Körperteile, die Lunge arbeitet gut, ebenso alle Atmungsschleimhäute, die Eingeweide, Magen, Darm, die Leber, die Gallenblase, die Niere, die Blase tun ihre normale Arbeit. Wenn eines dieser Organe gegenwärtig nicht ganz tadellos arbeitet, so verschwindet (unter dem Einfluss der allgemeinen Autosuggestion: ‹Es geht mir mit jedem Tag in jeder Hinsicht immer besser und besser›) diese Störung mit jedem Tag mehr, bis sie in naher Zeit ganz verschwunden sein wird und das Organ wieder in richtiger Weise arbeitet. Und ferner sage ich: wenn eines Ihrer Organe irgendwie verletzt ist, so heilen diese Verletzungen (unter dem Einfluss der allgemeinen Autosuggestion: ‹Es geht mir mit jedem Tag in jeder Hinsicht immer besser und besser›) mit jedem Tag mehr aus, bis Sie in gar nicht langer Zeit vollständig geheilt sind. Und dort, wo eine Heilung nicht ganz möglich ist, heilen die Organe (unter dem Einfluss der allgemeinen Autosuggestion: *‹Es geht mir mit jedem Tag in jeder Hinsicht immer besser und besser›)* so weit aus, als es im Bereiche des Möglichen liegt.»

10. Altbewährte ‹Sprüche›, mit denen man Besserung und Heilung im Bereich des Möglichen beschleunigen, drohender Erkrankung vorbeugen kann

Merken Sie sich gut! Ihr Unbewusstes kennt, leitet jedes Organ! Das Mittel, die unbewussten Kräfte gezielt einzusetzen, ist die bewusste Anwendung der Autosuggestion. Krankheiten, die in einer Störung der Arbeit der Organe bestehen, müssen auch nach der Erfahrung vieler Ärzte (z. B. Dr. med. Lucci) verschwinden, wenn man die bewusste Autosuggestion richtig ausübt. Wie man die bewusste Autosuggestion richtig ausübt, haben Sie ausführlich im ersten Teil dieses Buches lesen können. Ausdrücklich hebe ich an dieser Stelle nochmals hervor, dass die formelhaften Vorsätze ohne jede Anstrengung, wie eine Litanei, gedacht oder hergesagt werden sollen. Nochmals: was heisst ohne innere Anstrengung? Passen Sie gut auf! Wie viele Finger haben Sie an einer Hand? – Fünf natürlich! Das wussten Sie. Mussten Sie sich dabei anstrengen? Niemals! Wie heisst das Land, in dem Sie wohnen? – Sie wissen es. Haben Sie sich dabei angestrengt? Sicher nicht. Wie viele Augen hat ein normaler Mensch? – Zwei natürlich! – Ganz selbstverständlich. Sehen Sie: das heisst ohne innere Anstrengung. Mit der gleichen Selbstverständlichkeit sollen altbewährte Sprüche eingegeben werden. Dann verfehlen sie die Wirkung nie.

Einem Herzinfarkt vorbeugen

Das Herz ist der Seismograph der Seele. Es fängt die ungelösten Konfliktsituationen des Lebens auf.

Als die engsten Freunde eines erfolgreichen Geschäftsmannes sehr jung, der Reihe nach starben, bekam er Angst vor einem Herzinfarkt. Er ging zum Arzt. Sein Herz wurde genau untersucht. Er befolgte den Rat seines Arztes und tat wieder etwas für seine Gesundheit. Er machte ausgedehnte Spaziermärsche, schaltete kurze Entspannungspausen ein. Und er übte mit der Formel:
Das Herz schlägt ruhig und gleichmässig, es ist strömend warm.

140

Nervöse Herzkrämpfe

Der Arzt hatte Frau M. genau untersucht. Ihre Herzkrämpfe waren nervösen Ursprungs. Sie übte Entspannung, und mit der Formel:

Das Herz schlägt ruhig und frei

besserte sich der Zustand von Tag zu Tag. Ihre Nervosität sollte sich nicht in einem andern Organ bemerkbar machen. Darum nahm sie gewisse Umstellungen im Leben vor. Vor allem sagte sie beherzt, offen ihre Meinung. Ihr Herz war ihr jetzt wichtiger als die «andern Leute», und von ihrem Mann liess sie sich nicht mehr unterdrücken.

Asthmatische Beschwerden

Einem 30jährigen Angestellten, der in Verbindung mit seinen asthmatischen Beschwerden unter zu trockenen Schleimhäuten der Nase litt, half die altbewährte Formel:

Stirn, Nase und Rachen sind angenehm kühl,
die Brust ist angenehm strömend warm,
die Atmung ganz ruhig, leicht und frei.

Nach längerem Üben lautete seine persönliche Formel nur noch:

Kühl, warm, frei

und reflexartig stellte sich die angenehm kühle Stirn, die angenehm kühle Nase, der angenehm kühle Rachen ein, reflexartig wurde die Brust angenehm warm, und er erlebte im gleichen Atemzug die Atmung ruhig, leicht und frei. In diesem Zustand waren auch seine Schleimhäute angenehm feucht.

Ein 12jähriger Knabe konnte seine asthmatischen Beschwerden mit der Formel:

Es atmet von selbst, Beschwerden sind gleichgültig

wirkungsvoll beeinflussen.

Nervöse Magenbeschwerden

Eine 35jährige Hausfrau, die an verschiedenartigen nervösen Magenbeschwerden litt, übte zusammenfassend mit der Formel:

Ich bin unter Menschen
gelassen und frei,
und wenn ich esse,
bleib' ich ruhig dabei.

Diese Formel mag auf den ersten Blick erstaunen. Es ist jedoch eine alte Erfahrung, dass Menschen, die nervöse Magenbeschwerden zu beklagen haben, sich unter Menschen nicht gelöst und frei fühlen. Die Spannung soll dann oft der Magen ausgleichen.

Magenschleimhautentzündung

Eine junge Frau, die an Magenschleimhautentzündung litt, wie der Hausarzt feststellte, übte mit der Formel:
> *Der Magen ist ruhig, warm und schmerzfrei.*

Sie unterstützte mit dieser Formel die ärztliche Behandlung mit Erfolg!

Gewohnheitsmässiges Luftschlucken

Ein 40jähriger Redaktor, psychisch und vegetativ labil, litt unter gewohnheitsmässigem Luftschlucken. Mit der Formel:
> *Der Magen arbeitet ruhig und frei*

rückte er seinem Übel zu Leibe.

Ständiges Erbrechen infolge Magersucht

Ein 17jähriges Mädchen, das unter ständigem Erbrechen als Folge ihrer neurotischen Magersucht litt, übernahm mit der Zeit die Formel:
> *Der Magen arbeitet ganz ruhig*
> *und behält die Speisen gern.*

Chronische Verstopfung

Ein Postbeamter litt an chronischer Verstopfung, bis er mit der Formel:
> *Mein Darm arbeitet ganz ruhig und regelmässig,*
> *ich bleibe ganz entspannt dabei*

regelmässig übte.

Eine 30jährige Frau hatte Erfolg mit der Formel:
> *Ich bin gelöst und frei* (von Verstopfung).

Steinkrankheiten

Denjenigen, die an Gallensteinen und anderen Steinkrankheiten litten, sagte Coué, «dass ihre Steine (unter dem Einfluss der allgemeinen Autosuggestion: ‹Es geht mir mit jedem Tag in jeder Hinsicht immer besser und besser›) sich nach und nach auflösen. Die Galle wird weniger sauer und nach und nach alkalisch werden, so dass sie die Steine nach und nach auflöst.»

Die Anwendung von Autosuggestion ist bei Steinkrankheiten wie auch bei andern Krankheiten kein Ersatz für ärztliche Behandlung. Sie ist aber eine wertvolle Hilfskraft!

Eine 40jährige Angestellte und Hausfrau, die oft unter schweren Koliken als Folge eines festsitzenden Nierensteins zu leiden hatte, fasste Coués Worte in der Sondersuggestion:

Die Niere ist ruhig und warm,
der Stein ganz arm,
er löst sich auf
zusammen.

Gute Funktion der Nieren

Ein junger Jurist, dessen Mutter an einem schweren Nierenleiden gestorben war und der deshalb Angst hatte, einmal dasselbe Schicksal erleiden zu müssen, übt vorbeugend mit der Formel:

Die Nieren sind ganz strömend warm.

Hautkrankheiten

«Für diejenigen, welche Hautkrankheiten haben, bemerke ich folgendes», sagte Coué: «Diese Krankheiten kommen daher, dass sich in den Organen zuviele Giftstoffe bilden, deren sich der Körper entledigen muss. Diese Organe werden von jetzt an mit jedem Tag besser arbeiten, so dass sich keine überschüssigen Giftstoffe mehr bilden können, und die krankhafte Haut wird nach und nach durch die wachsende, immer gesünder sich bildende ersetzt werden. Diese Krankheiten heilen also (unter dem Einfluss der allgemeinen Autosuggestion: ‹Es geht mir mit jedem Tag in jeder Hinsicht immer besser und besser›) in absehbarer Zeit vollkommen aus.»

Eine 24jährige Frau, die lange unter einer *unreinen Gesichtshaut* zu leiden und alle erhältlichen Salben ausprobiert hatte, trainierte schliesslich mit der Formel:
Die Haut im Gesicht ist ruhig und kühl.
Mit Erfolg!

Eine 39jährige Hausfrau unterstützte den Heilungsprozess ihres *Ekzems* am Zeigefinger mit dem Sprüchlein:
Die Haut am Finger ist ruhig und reizfrei.

Ein 48jähriger technischer Angestellter, der seit vielen Jahren wegen einer ausgedehnten *Schuppenflechte* in fachärztlicher Behandlung war, befreite sich von dem ständigen lästigen Juckreiz, der ihn immer wieder zum Kratzen zwang. Er schreibt auch eine deutliche Besserung der Wirkung seiner Formel zu. Die Formel lautet:
Die Haut ist ruhig und reizfrei, die Schuppen verschwinden.

Ihre *entzündlichen Hautreaktionen* beeinflusste eine junge Frau mit der Formel:
Gesunde Haut
wird neu erbaut.

«Wenn es mich beisst, dann muss ich kratzen!» antwortete ein 16jähriges Mädchen ihrer Mutter, der das «ewige» Kratzen des Mädchens im Gesicht schon richtig auf die Nerven ging. Oft kratzte es sich bis zum Bluten im Gesicht. Auf Anraten ihrer Freundin richtete die 16jährige eine Anfrage an eine Jugendzeitschrift. Die Antwort war: «Sag' doch einfach (verwende die Formel):
‹*Ich kratze nicht, ich kratze nicht,*
und rein und schön ist mein Gesicht.›»
Der Erfolg war so verblüffend, dass diese Formel bei jeder Gelegenheit im breiten Freundeskreis dieses Mädchens herumgereicht wurde. Wenn eines der Mädchen nur schon ansatzweise im Gesicht zu kratzen begann, rief ein anderes aus: «Kratze nicht, kratze nicht, und rein und schön ist dein Gesicht!» Bei grossem Gelächter und Gekicher hörte das betroffene Mädchen sofort auf, sich zu kratzen, und versteckte seine Finger in der Manteltasche.

Warzen

Warzen treten bei den meisten Leuten im Laufe des Lebens irgendwann auf. Sie gehören zu den Krankheiten der Haut und des Unterhautzellgewebes. Wer Autosuggestion richtig anwendet, kann Warzen zum Verschwinden bringen.

Eine 23jährige Studentin und angehende Lehrerin konnte, wie sie selbst sagte, förmlich zusehen, wie ihre kleinen Warzen verschwanden, nachdem sie eine Zeitlang die Formel:

Die Warzen werden alt und kalt

angewandt hatte.

Einem 45jährigen Bankkaufmann, den seine Warze am Zeigefinger beim Schalterdienst bis zum Erröten störte, wenn einer der Kunden daraufstarrte, half die Sondersuggestion:

Es fliesst kein Blut in die Warze, darum fällt sie ab.

Der Bankkaufmann war besonders stolz auf seinen Erfolg, weil er Warzen schon oft hatte operativ entfernen lassen, aber sich immer an anderen Stellen neue Warzen gebildet hatten. Das ärgerte ihn. Mit der bewussten Anwendung der Selbstbeeinflussung hat er nun ein Mittel gefunden, mit dem er jeder Warzenbildung jederzeit entgegenwirken kann.

Schnupfen

Feuchtkaltes Wetter ist für viele Menschen Schnupfenzeit. Herr M. wollte nicht länger zu ihnen gehören. Jetzt beugt er vor! Sein Sprüchlein lautet:

Wird das Wetter feucht und kalt,
ist meine Nase stubenwarm.

Jahrelang probierte ein 50jähriger Angestellter, sich bei feuchtkaltem Wetter einen Schnupfen vom Leibe zu halten. Ohne Erfolg! Grund: er suggerierte falsch. Er verwendete die falsche Formel, nämlich: «Der Schnupfen kommt nicht, ich erkälte mich nicht!» Hatte eines seiner Familienmitglieder dann einen starken Schnupfen, erwischte es ihn auch. Das ärgerte ihn. Vor allem, weil seine Frau ihn jeweils, wenn ihn der Schnupfen so richtig beherrschte, die spitze Bemerkung machte: «So, jetzt hat es dich eben doch erwischt!» Suggestionen sollen, mit ganz wenig Ausnahmen, positiv sein. Jetzt fürchtet sich dieser Angestellte vor Witterungswechsel oder kalten und nassen Füssen nicht mehr; denn er trainiert, härtet sich richtig ab mit der positiven Formel:

Nase und Schleimhäute sind gesund und warm.

Allergischer Schnupfen

Einen 27jährigen Grundstückmakler ärgerte sein allergischer Schnupfen mit schmerzhaft geschwollenen Schleimhäuten und reichlich wässriger Absonde-

rung auch deshalb, weil ihn dieses Übel bei seiner Berufsausübung, Kundengesprächen und Verhandlungen, behinderte. Lange Zeit versuchte er, dieses Übel autosuggestiv zu beeinflussen. Aber ohne Erfolg! Grund: er übte mit der falschen Formel. Er glaubte, mit der Warmstellung seiner Nase diesem Übel abhelfen zu können. Die altbewährte Formel aber heisst:
Die Nase ist ruhig, trocken und kühl.

Eine Studentin unterstützte die ärztliche Behandlung ihres *Heuschnupfens* (Heufieber) mit der Sondersuggestion:
Meine Nase ist kühl und frei,
es ist überhaupt kein Reiz dabei.

Halsentzündung

Die altbewährte Formel zur *Vorbeugung* einer Halsentzündung heisst:
Der Hals ist angenehm warm.

Da viele Halskrankheiten mit einer Halsentzündung beginnen, ist es auch hier ratsam, rechtzeitig den Arzt aufzusuchen. Die bewusste Anwendung der Autosuggestion ersetzt, wie schon oft gesagt, ärztliche Behandlung nicht, unterstützt sie aber wirksam!

Chronische Heiserkeit

Chronische Heiserkeit kann Krebs bedeuten. Es ist darum ratsam, rechtzeitig den Arzt zu konsultieren! Handelt es sich «nur» um ein lästiges Übel, kann die Formel helfen:
Der Kehlkopf bleibt ganz warm.

«Globusgefühl» im Hals

Eine junge Frau, die jahrelang von Kopfschmerzen belästigt wurde, beseitigte diese mit einer Sondersuggestion. Bald war sie frei von Kopfschmerzen, dafür aber wurde sie von einem neurotischen Kloss (einem «Globusgefühl») im Hals geplagt. Da half die Formel:
Der Hals ist ganz ruhig und frei.
Und weil sie nun auch ihre Lebenseinstellung änderte (sie konnte sich zu einem zweiten Kind entschliessen), erlebte sie keine weitere Symptomverschiebung!

Vergrösserung der Schilddrüse, gutartige Bindegewebsgeschwulst und andere Verdickungen der normalen Gewebe

«Für diejenigen Personen, die an Geschwülsten leiden, so an Vergrösserungen der Schilddrüse oder an Fibromen und anderen Verdickungen der normalen Gewebe, füge ich bei», sagte Coué in seiner weltbekannten Ansprache, «dass diese abnormalen Schwellungen (bei Anwendung der allgemeinen Autosuggestion: «Es geht mir mit jedem Tag in jeder Hinsicht immer besser und besser») nach und nach ausheilen werden. Die zu ihnen führenden Blutgefässe verengen sich nach und nach immer mehr, die übermässige Ernährung in jenen Teilen wird eingeschränkt, die parasitären und auf Kosten der normalen Teile gewachsenen Gewebe trocknen auf diese Art ein und werden vom Körper selbst verdaut.»

Die Schilddrüse heilt aus.
Mit dieser Formel übt eine heute 30jährige Coué-Anhängerin, die an Vergrösserung der Schilddrüse leidet.

Bei einer 35jährigen Frau heilte eine gutartige Bindegewebsgeschwulst aus. Sie übte mit der Formel:
Es geht mir mit jedem Tag
in jeder Hinsicht immer besser und besser,
die Geschwulst heilt aus.

Überfunktion der Schilddrüse

Die altbewährte Formel, die die ärztlichen Bemühungen wirkungsvoll unterstützen kann, lautet:
Die Schilddrüse bleibt ruhig und faul.

Zuckerkrankheit

Ein junger zuckerkranker Student will auf die Kräfte seines Unbewussten bauen. Das Unbewusste leitet und heilt alle Organe bei richtiger Anwendung der bewussten Autosuggestion im Bereich des Möglichen. Der Patient, der sich selbst Insulin spritzt, unterstützt die Behandlung mit der Formel:
Die Bauchspeicheldrüse ist strömend warm,
und er glaubt, bereits eine recht günstige Wirkung erreicht zu haben.

Ohrensausen

Lästiges Ohrensausen konnte schon oft mit der Formel:
Geräusche sind gleichgültig
gemildert oder beseitigt werden.

Eine 40jährige Mutter von fünf Kindern, die sich wegen zu hohen Blutdrucks in ständiger ärztlicher Behandlung befindet, beeinflusst das lästige Ohrensausen erfolgreich mit der Formel:
Meine Ohren sind ruhig und still.

Eine 60jährige strenggläubige Katholikin ergänzte diese Formel wie folgt:
Meine Ohren sind ganz ruhig und still,
sofern der Herrgott es will.

Ermüdungserscheinungen der Augen

Einem 48jährigen Sekundarlehrer, der nach einstündigem Lesen und Korrigieren von Schulheften über so starke Ermüdungserscheinungen der Augen klagte, dass er glaubte, den Beruf nicht länger ausüben zu können, half die Formel:
Die Netzhaut ist angenehm warm.
Jetzt kann er wieder einen ganzen Nachmittag lang Schulhefte lesen und korrigieren.

Zuckende Augenlider

Systematisches Entspannen mit bewusster Anwendung der Autosuggestion half einem 35jährigen Journalisten. Mit der Formel:
Was immer auch sei:
die Augenlider sind ruhig und frei
verschwand mit der Zeit auch das lästige Zucken der Augenlider.

Tränende Augen

Diesem Übel kann mit der Formel:
Meine Augen sind ruhig und trocken
erfolgreich entgegengewirkt werden.

Verbesserung des Sehvermögens

Wer das Sehvermögen verbessern will, verwendet am besten die altbewährte Formel:
Der Augenhintergrund ist gut durchblutet,
der Blick ruhig und klar.

Ein junger Dorfpolizist, dem spitz vorgeworfen wurde, er habe keine Augen im Kopf, fügte seinem täglichen Entspannungstraining, das ihm im Schiesssport gute Erfolge brachte, die Formel hinzu:
Meine Augen sehen klar,
sie nehmen alles wahr.
Diese Sondersuggestion hatte eine angenehme Nebenwirkung; sein Durchsetzungsvermögen stieg sprunghaft.

Eine 60jährige Frau mit vielfältigen Kreislaufbeschwerden verbesserte ihr Sehvermögen mit dem Sprüchlein:
Die Augen sehen ganz ruhig und klar.

Monatsregel- und Wechseljahrbeschwerden

Seinen jungen weiblichen Besuchern, «Schülern», wie er sie nannte, suggerierte Coué: «Bei den weiblichen Anwesenden tritt die monatliche Regel regelmässig ein, jeden 28. Tag, und nicht jeden 30., weder später noch vorher, sie dauert im ganzen 4 Tage, und sie ist weder zu stark noch zu schwach, sie schwächt den Körper in keiner Weise und macht nicht die geringsten Beschwerden, weder Unbehagen noch Schmerzen, und besonders fehlt auch jene nervöse Gereiztheit, von der manche Frauen meinen, sie sei mit der Periode verbunden.»

Eine 23jährige Studentin beeinflusst sich regelmässig mit der Formel:
Die Regel fliesst regelmässig, leicht und schmerzfrei.
Und eine Abiturientin, die lange Zeit sehr unregelmässig menstruierte, half sich selbst mit dem Sprüchlein:
Die Regel fliesst regelmässig ganz von selbst.

Bei Wechseljahrbeschwerden kann die bekannte Formel:
Die Hormone wirken harmonisch
helfen.

Besser sprechen

Coué suggerierte: «Für diejenigen Personen, die Mühe mit dem Sprechen haben, füge ich hinzu, dass Sie (bei bewusster Anwendung der Autosuggestion: ‹Es geht mir mit jedem Tag in jeder Hinsicht immer besser und besser›) mit jedem Tag besser sprechen werden und dass die Verletzungen, welche Ursache des mangelhaften Sprechens gewesen sind, mit jedem Tag mehr ausheilen und so weit heilen, als es im Bereiche des Möglichen liegt.»

Ein erst 22jähriger Kaufmann rückte seinem Stottern mit bewusster Anwendung der Autosuggestion zu Leibe. Zuerst sagte er sich:

Sprechen ist gleichgültig.

Dabei gewöhnte er sich an, die Schultern beim Ausatmen locker fallen zu lassen. Er war sofort entspannt. Dann suggerierte er systematisch und richtig:

Sprechen geht von selbst.

Der Erfolg kam etappenweise zustande. Bei innerer Gelassenheit trainierte er zudem lange Zeit mit der Formel:

Ich atme sprechend ha, he, hi, ho, hu

einen weichen, hauchenden Stimmansatz. Heute heisst seine Formel noch:

Ich spreche ganz ruhig, verständlich und klar.

Zuerst konnte er verständlicher und klarer mit seinen Freunden sprechen. Dann gelang es ihm auch am Geschäftstelefon. Gespräche mit Kunden, die ihm früher soviel Mühe bereiteten, liefen immer besser und besser.

Bettnässen

Herr D., 25, fand keine feste Freundin, weil er in seinem Alter noch Bettnässer war. Kaum zu glauben! Durch richtige Anwendung der Autosuggestion befreite er sich in ziemlich kurzer Zeit aus dem Teufelskreis von Bettnässen, zu immer tieferer Entmutigung und Spannung, Verachtung und Spott seiner Familie und noch verstärktem Bettnässen. Bei vollkommener körperlicher Entspannung befahl er sich:

Jede Nacht um 12 und 3 aufwachen,
aufstehen, Blase entleeren
und dann ruhig weiterschlafen.

Der junge Mann war von der Wirksamkeit seiner Suggestion selbst am meisten überrascht. Jahrelang hatte er Anstrengungen unternommen, um dem Übel beizukommen. Mit dieser Suggestion klappte es endlich. Sein Bett blieb trokken. Das hatte Folgen: Er verliess, nicht gerade zur Freude seiner Mutter, das elterliche Haus. Er bezog eine eigene Wohnung. Bald lernte er eine Krankenschwester kennen und verheiratete sich mit ihr nur sieben Monate, nachdem er sich die Suggestion zum ersten Mal eingegeben hatte. Seine Frau erwartet das erste Kind, das dann etwa drei Jahre lang Bettnässer sein darf!

Ein 20jähriger Student der Naturwissenschaft pflegte, besonders bei Aufregungen, Anstrengungen, Angst und in Gegenwart von netten Mädchen, am Tage etwas einzunässen. Das war ihm äusserst peinlich. Je mehr er sich anstrengte, dieses Übel zu beseitigen, desto weniger gelang es ihm. Er ärgerte sich über sich selbst, war entmutigt, verzweifelt, besonders weil auch seine Mutter deswegen oft spitze Bemerkungen machte, wohl in der Meinung, das Übel damit beseitigen zu helfen: «In die Hosen machen, ja, das kannst du ... Jetzt wasche ich deine Unterhosen nicht mehr, ich hänge sie im Garten so auf, dass die ganze Nachbarschaft sehen kann, was für ein angehender Naturwissenschaftler du bist!» Richtige Anwendung der bewussten Autosuggestion stärkte diesen jungen Menschen innerlich. Mit der Formel:

Ich bin ganz ruhig und frei,
die Hosen bleiben trocken dabei

beseitigte er schliesslich das lästige Übel.

Eine 30jährige Krankenschwester versuchte verzweifelt, mit allen nur möglichen Mitteln, mit Medikamenten, einer Einlage, die ein Signal abgab, ihren achtjährigen Michael nachts trocken zu kriegen. Ohne Erfolg! Was machte sie falsch? Sie suggerierte, ohne es zu merken, aber falsch. Hinter all ihren Bemühungen, das Kind trocken zu bringen, stand die Angst, es könnte nicht klappen. Da konnten alle die guten Worte, mit denen sie die Hilfsmittel begründete und begleitete, nicht die erwünschte Wirkung bringen. Manchmal musste Michael sogar das Versprechen abgeben, während der Nacht trocken zu bleiben. Eine Belohnung wurde ausgesetzt! Dieses Versprechen machte Michael erst recht unsicher und ängstlich. Er wollte doch der Mutter eine Freude machen, konnte es aber nicht. Bei innerer Anstrengung wirken alle guten Vorsätze negativ. So seltsam es auf den ersten Blick erscheinen mag, Michael half die Suggestion:

Bettnässen ist gleichgültig.

Natürlich erst, als beiden, der Mutter wie dem Kind, Bettnässen *innerlich* auch wirklich gleichgültig sein konnte. Wenn Eltern innerlich loslassen, entspannen können, sind auch die Kinder innerlich gelöst und frei. Und 8jährige Kinder, innerlich gelöst und frei, sind normalerweise trocken.

Eine junge Mutter wollte ihr Kind deshalb nicht ins Ferienlager mitgeben, weil es noch nicht trocken war. Mit grosser Überwindung liess sie es, auf Anraten des Hausarztes, aber dennoch ins Lager der Kinder. Diese innere Überwindung der Mutter wurde belohnt. Nach dem Ferienlager war das Kind trocken.

Nervöse Reizblase

Auch bei nervöser Reizblase kann die Formel:
Harndrang ist gleichgültig
helfen.

Mit «gleichgültig» ist immer *innere* und nicht etwa äussere Gleichgültigkeit gemeint. Wer innerlich gleichgültig ist, fühlt sich gelöst und frei, ist entspannt in allen Lebenslagen.

11. Der Ausweg aus der Depression

Menschen mit starken Depressionen können sich im allgemeinen schlecht bis gar nicht richtig entspannen. Darum soll zuerst und schrittweise diese Grundlage erarbeitet werden. Mit dem positiven Gedanken:
Ich schaffe es
ist der wichtigste Schritt bereits getan.

Frau M., 33, hatte das Gefühl, dass ihr im Leben noch nie etwas gelang. Selbst ihr Mann, glaubte sie zu wissen, hatte sie nicht aus Liebe, sondern aus Mitleid geheiratet. Gerade sein Verständnis für ihre Depressionen, sein Mitleid und sein Helferwille trieben sie, wie sie beteuerte, nur noch tiefer in ihre Krankheit hinein. Wenn sich ihr Mann für einmal von ihr abwandte mit der Bemerkung: «Dann helfe ich eben nicht mehr!», ging es ihr um kein Haar besser. Wer Depressionen hat, denkt im Innersten seiner Seele gewohnheitsmässig negativ. Umdenken ist der erste Schritt zur Besserung. Frau M. lernte umdenken. Der Gedanke:
Ich lasse los
war der erste Schritt zur Besserung. Sie konnte wieder Tränen vergiessen. Dann nahm sie den Rat ihres Hausarztes an: Sie ordnete ihren Tagesablauf und versuchte, sich an den selbstaufgestellten Tagesplan zu halten. Mit der Formel:
Es geht mir mit jedem Tag
in jeder Hinsicht immer besser und besser

unterstützte sie ihre Bemühungen. Mit Erfolg. Vom Morgentief befreite sie sich schliesslich mit der Formel:

Ich erwache munter und frei,
arbeiten macht Spass,
ich bin glücklich dabei.

Diese Formel gab sie jeweils am Abend vor dem Einschlafen ein. Etappenweise befreite sie sich so von ihrem tiefsitzenden negativen Gewohnheitsdenken, das suggestiv lebensmüde macht und nicht selten in den Selbstmord führt. Um nicht in dieses üble Denken zurückzufallen, trainiert Frau M. täglich mit der Formel:

Ich bin und bleibe fröhlich und frei (von Depressionen).

Viele Menschen, auch Jugendliche, lenken ihre unbewussten Kräfte derart tief negativ, dass sie nicht mehr an Umstellung denken wollen. Dies treibt vor allem Verwandte und Bekannte, die mit allen Mitteln versuchen, solche Menschen wieder auf einen Lebensweg zu bringen, zur Verzweiflung. Ein Offizier machte mit seiner Familie Sonntag für Sonntag den gleichen Spaziergang. Wanderziel war eine Brücke. Auf dieser blieb er stehen und starrte ins Wasser. Der Frau und auch den Kindern wurde es mit der Zeit unheimlich. Sie ahnten Schlimmes. Immer wieder versuchten sie ihn von diesem Wanderziel abzubringen. Umsonst! Wenn die Familie nicht mitging, machte er sich allein auf den Weg. Einmal kam er nicht wieder zurück. – Die Familie machte sich grosse Vorwürfe. Man hätte den Vater nicht allein gehen lassen sollen. Diese Vorwürfe sind unberechtigt. Denn Suggestionen sind nur dann wirksam, wenn sie zu Autosuggestionen gemacht werden. Wer sich nicht beeinflussen lässt, dem kann auch nicht geholfen werden. Der Einfluss kann niemals erzwungen werden. Es gibt viele Dinge im Leben, die man so hinnehmen muss, wie sie sind; es ist nicht der Mensch, der Herr ist über Leben und Tod!

Depressionen als Folge von Liebesenttäuschungen

Als 19jährige erlebte Karin zum ersten Mal in ihrem Leben die grosse Liebe. Nur drei Monate später wurde sie bitter enttäuscht. Ihr Geliebter himmelte eine andere an, die er zur festen Freundin machte und später auch heiratete. Für Karin schien damit das Leben «gelaufen»; sie war so unglücklich, dass sie ihr junges Leben auslöschen wollte. Nur wusste sie noch nicht genau, wie. Das war ihr Glück! Mit der Zeit klang die grosse Enttäuschung etwas ab, das Leben wurde für sie wieder lebenswert. Sie übte Entspannung, und mit der Fähigkeit, innerlich loszulassen, löste sie sich immer besser von ihrer unglücklichen Liebe. Mit der Formel:

Ich zieh' in die Zukunft ganz mutig und frei

ebnete sie sich selbst den Weg zu einer neuen Beziehung. Sie ist glücklich, weil sie weiss, dass es jetzt nichts mehr gibt, von dem sie sich innerlich nicht jederzeit lösen könnte. Dies ist eine Voraussetzung für eine wirklich glückliche Bindung.

Als junges Mädchen war die heute 29jährige Sekretärin voller Lebensfreude und Übermut. Sie kannte einen Mann, der sie unbedingt heiraten wollte. Aber sie lehnte immer ab. Sie wollte das Leben geniessen. Nach fünf Jahren fester und dann lockerer Freundschaft trennte sie sich endgültig von diesem Mann, warf ihm aber vor, er habe ihr die schönsten Jahre ihres Lebens gestohlen. Dann wurde sie depressiv, und mit 26 Jahren dachte sie ernsthaft daran, mit dem Leben Schluss zu machen. Es kam nicht soweit. Sie lernte umdenken, übte Entspannung und war schliesslich fähig, innerlich gelöst zu sein. Stufenweise fand sie den Weg in ein ganz normales Leben. Mit der Sondersuggestion:

Ich bin aktiv

löste sie sich auch vom autoritären Einfluss ihrer besorgten Eltern. Erstmals in ihrem Leben zog sie in eine eigene Wohnung. Sehr zum Unwillen ihrer Eltern allerdings. Dann stärkte sie sich mit der Formel:

Ich bin aktiv und gehe meinen Weg.

Sie fand bald einen neuen, altersentsprechenden Freundeskreis. Dann verwirklichte sich das schier Unglaubliche. Sie suggerierte sich:

Ich liebe das Leben und heirate im Mai.

Und sie heiratete im Mai!

Depressive Verstimmungen

Eine 70jährige Witwe litt seit dem Tod ihres Mannes an depressiven Verstimmungen. Mit der Formel:

Was immer mir die Zukunft bringt,
ich bleibe stark und guter Dinge

konnte sie sich selbst helfen.

Wer nicht ermuntert wird, muss sich eben selbst ermuntern. Ein 26jähriger Automechaniker holte sich aus seinen gelegentlichen Tiefs mit der Formel heraus:

Nur Mut, es geht schon gut.

154

12. Sucht ist heilbar

Spielsucht

Ein junger Mann glaubte lange Zeit, jedes Spiellokal aufsuchen zu müssen. Er verlor dabei grosse Geldbeträge. Dann wandte er Autosuggestion bewusst an. Er befreite sich mit der Formel:

Das Geld bleibt in der Tasche

von seiner Spielsucht.

Fernsehsucht

Das Sprüchlein:

Fernsehen ist gleichgültig,

Bewegung ist wichtig

veränderte das Leben eines 45jährigen Vertreters von Grund auf. Statt jeden Abend fernzusehen, bis auf allen Sendern nur noch das Rauschen kam, sucht er jetzt Bewegung. Er trainiert mit seinem Fahrrad und macht, wie früher einmal, ausgedehnte Spaziermärsche mit seiner Frau. Er besitzt ein kleines Stück Land, das er selbst bebaut. Damit hat er genug zu tun. Ans Fernsehen denkt er nur noch ab und zu.

Sprechsucht

Bis sie die bewusste Autosuggestion regelmässig übte, war Frau M., jetzt 55jährig, eine krankhafte Schwätzerin. Sie hatte auch immer das letzte Wort. Stundenlang konnte sie mit ihrer Nachbarin schwatzen. Hernach aber ärgerte sie sich über die verlorene Zeit. Sie hatte Erfolg mit der Formel:

Ich höre mich sprechen.

Sie redete zwar weiter gern mit Nachbarn und Bekannten, konnte jetzt aber, da sie sich sprechen hörte, auch aufhören, wann sie wollte. Jetzt konnte sie ein Gespräch beenden. Vorher sprach sie in der Regel so lange, bis ihr Zuhörer sagte, er müsse jetzt gehen.

Alkoholsucht

Bei einer monotonen Hausarbeit leerte eine 40jährige Hausfrau an einem Nachmittag gut und gerne eine Flasche Rotwein. Am frühen Abend lag sie dann betrunken im Bett. Dies bereitete nicht nur ihrem Mann und den drei bald erwachsenen Kindern grosse Sorge; auch sie selbst ärgerte sich im nachhinein darüber. Sie fasste gute Vorsätze. Diese wirkten aber erst, als sie sich entspannen konnte. Statt zu trinken entspannte sie sich bei monotoner Hausarbeit jetzt mit der Sondersuggestion:

Ich bin gelöst und frei,
kein Alkohol dabei.

Sie wurde entspannungssüchtig! Das hatte aber nur angenehme Nebenwirkungen.

Eine junge Studentin, die allzu oft direkt aus der Whiskyflasche getrunken hatte, bekam sich, weil sie innerlich dazu bereit war, selbst in den Griff mit der Formel:

Alkohol ist gleichgültig,
Kontakt ist wichtig.

Mit zunehmender Verbesserung ihrer Kontaktfähigkeit verschwand die Alkoholsucht wie von selbst. Bei den meisten Suchtkranken ist die Kontaktfähigkeit gestört. Richtige Anwendung der bewussten Autosuggestion verbessert sie. Wer sich innerlich nicht anstrengt, findet Kontakt, wenn er ihn sucht.

Wenn er allein war, trank er nur Mineralwasser. Im Kreise seiner Bekannten und Freunde aber liess sich der 24jährige kaufmännische Angestellte P. zum Alkoholtrinken verführen. P. war sehr sensibel, leicht beeinflussbar, zudem vertrug er Alkohol sehr schlecht. Sein Vater war bereits Alkoholiker, er wollte davor bewahrt bleiben. Darum stärkte er sich täglich mit der Formel:

Was andere trinken, ist mir egal,
ich habe immer freie Wahl.

Das tägliche Entspannungstraining machte ihn bereits ich-stärker. Er kann sich besser entscheiden und durchsetzen. Tägliches Entspannungstraining ist ihm zu einem Bedürfnis geworden.

Rauchsucht

Man kann von heute auf morgen aufhören zu rauchen. Der Beweis wird immer wieder erbracht. Ein 50jähriger Kettenraucher hatte genug! Seine Gesundheit wurde ihm wichtiger. Er hörte einfach auf zu rauchen. In den ersten paar Monaten nach diesem wichtigen Entscheid konnte er eine leichte Gewichtszunahme beobachten. Einem Rückfall beugt er vor mit der Formel:

Tabak stösst mich ab.

Wenn der 34jährigen Chefsekretärin Maya P. eine Zigarette angeboten wurde, rauchte sie. Es wurden ihr immer wieder Zigaretten angeboten. Sie rauchte zuviel! Sie übte Entspannung, inneres Loslassen. Von einem Tag auf den andern hörte sie auf zu rauchen. Ihr half die Formel:

Rauche doch, wer kann,
ich lange keine an.

Viele Menschen suchen, zur Unterstützung ihres Entschlusses, das Rauchen aufzugeben, einen Wunderheiler auf. Nach drei Minuten Handauflegen sind Sie Nichtraucher und 90 Franken los. Das motiviert, stärkt. Man will schliesslich nicht 90 Franken umsonst ausgegeben haben! – Jeder heilt sich aber im Grunde selbst, auch derjenige, der einen Wunderheiler aufsucht. Dies wird durch die Ergebnisse der wissenschaftlichen Untersuchung der Behandlungsmethode des Schweizer Handauflegers Hermano durch die Psychiatrische Universitätsklinik Zürich bestätigt.

Ein 20jähriger Spitzensportler, auch geübt in der bewussten Anwendung der Autosuggestion, schützte sich vor Freunden, die ihn zum Rauchen verführen wollten, mit der Formel:

Hart sein, nicht rauchen!

Jahrelang rauchte ein 38jähriger Vertreter mehr als 40 Zigaretten täglich. Das führte zu verschiedenen gesundheitlichen Beschwerden, besonders an Magen und Herz. Sein Hausarzt riet ihm dringend, das Rauchen aufzugeben. Er lernte, sich zu entspannen, und übte täglich. Sein Allgemeinzustand besserte sich. Das Rauchen konnte er mit der Formel lassen:

Rauchwaren sind gleichgültig,
Gesundheit ist wichtig.

Einem 55jährigen Versicherungskaufmann half die Formel:

Gelöst und entspannt
ist auch die Rauchgefahr gebannt.

Drogenabhängigkeit, Arzneimittelmissbrauch – Drogensucht

Pulverisierte Heilkräuter, Rinden, Harze, aus Schlafmohn, indischem Hanf, Kokablättern und anderen Pflanzen gewonnene Suchtmittel, aber auch chemisch hergestellte Präparate werden als Drogen bezeichnet. Sie enthalten Wirkstoffe, die meist für Heilzwecke geeignet sind. Drogenabhängig ist, wer ohne die regelmässige Zufuhr eines bestimmten Mittels nicht mehr auskommt oder nicht mehr auszukommen glaubt. Wenn sich der Körper an das Mittel gewöhnt, werden immer grössere Mengen nötig, um die gleiche Wirkung zu erzielen. Recht verbreitet ist der Arzneimittelmissbrauch. Die ständige Einnahme eines Mittels, meist Schlaftabletten, schmerzstillende Mittel, Beruhigungs- und Anregungsmittel, ist zur Gewohnheit geworden. Bei nur gewohnheitsmässigem Missbrauch ist der Erfolg durch richtige Anwendung der bewussten Autosuggestion bald erreicht, und zwar weil es beim Entzug des Mittels kaum zu körperlichen Krankheitserscheinungen, lediglich zu leichten, seelisch bedingten Missempfindungen und Verstimmungen kommt.

Ganz anders ist es bei der echten Drogensucht. Bei dieser besteht eine körperliche und seelische Abhängigkeit von der Substanz; die fortgesetzte Zufuhr des Mittels hat zu schweren Veränderungen in der Persönlichkeit, aber auch im körperlichen Bereich geführt. Der Entzug eines solchen Mittels bewirkt darum eine schwere Stoffwechselstörung und ausserordentlich heftige körperliche und seelische Reaktionen. Es gibt bestimmte Unterscheidungsmerkmale, die Grenzen zwischen gewohnheitsmässigem Mittelmissbrauch und echter Sucht sind aber in vielen Fällen nicht scharf zu ziehen.

Die tägliche, richtige Anwendung der bewussten Autosuggestion:
Es geht mir mit jedem Tag
in jeder Hinsicht immer besser und besser
befreite in sehr vielen Fällen vom gewohnheitsmässigen Missbrauch von Mitteln, insbesondere Schlafmitteln, schmerzstillenden Mitteln, Beruhigungs- und Anregungsmitteln. Mit zunehmendem Gefühl wohliger Behaglichkeit, innerer Ruhe und Ausgeglichenheit unterbleibt der Griff nach dem Mittel ganz von selbst. Genauso wie die tägliche Zahnpflege soll die tägliche Anwendung der bewussten Autosuggestion, das tägliche Entspannungstraining zur Gewohnheit werden. Wo tägliches, kurzes Entspannen zur Gewohnheit geworden ist, wird es zu einem Bedürfnis. Wer täglich mehrmals und richtig eingibt:
Ich bin ganz ruhig und entspannt,
ich fühle mich sicher und frei,
fühlt sich mit der Zeit ruhig und entspannt, sicher und frei. Dieses Gefühl ist verbunden mit wahrem Selbstvertrauen! Wer täglich eingibt, mehrmals und richtig:
Es geht mir mit jedem Tag
in jeder Hinsicht immer besser und besser,
dem muss es mit jedem Tag in jeder Hinsicht immer besser und besser gehen,

und wenn es mit jedem Tag in jeder Hinsicht immer besser und besser geht, verschwindet der gewohnheitsmässige Missbrauch von Mitteln, er muss verschwinden!

Die 19jährige bildhübsche Tochter eines Schriftstellers, die mit einem Türken zusammenwohnte, lange Zeit Haschisch rauchte und manchmal schon zu härteren Drogen griff, konnte ihre Lebenseinstellung noch ändern. Eines schönen Tages sah sie die Sinnlosigkeit dieser Lebensweise ein. Sie trennte sich von ihrem drogensüchtigen Freund, schloss sich einer jugendlichen Volkstanzgruppe und Wandergemeinschaft an. Bewegung gefiel ihr immer besser. Fürs Herumsitzen und Meditieren, das sowieso nie etwas brachte, hatte sie immer weniger Verständnis. Ihre Arbeit in einem Alternativladen gefiel ihr mit jedem Tag besser und besser. Den täglichen Versuchungen ihrer früheren Milieufreunde widerstand sie mit dem Gedanken:

Was andere rauchen, reizt mich nicht,
ich liebe das Leben, und ich schaffe es.

Mit der Zeit hatte sie so viel Selbstsicherheit, Selbstvertrauen gewonnen, dass sie ihren Eltern, die sie früher wegen ihrer kapitalistischen Einstellung verlacht und gemieden hatte, wieder begegnen konnte. Natürlich hatten auch die Eltern in dieser Zeit ihre Einstellung geändert. Der lose Kontakt mit den Eltern gab ihr jene zusätzliche Stütze, mit der sie den drohenden Versuchen, sie ins Drogenmilieu zurückzuzerren, bis heute widerstehen konnte.

Als 16jähriger begann A. eine Lehre als Mechaniker, musste sie aber vorzeitig beenden, weil er keine Vorgesetzten ertrug und nur arbeiten konnte und wollte, wenn es ihm Spass machte. Wenn ihm eine Arbeit gefiel, konnte er sich bis zur Erschöpfung abrackern. Sagte sie ihm aber nicht zu, blieb er dem Arbeitsplatz einfach fern. Der Lehrvertrag wurde aufgelöst. Immer mehr verfing sich der Jugendliche im Drogenmilieu. Weil er den guten und leichten Verdienst sah, begann er auch mit Drogen zu handeln. Er wurde straffällig und einer Entziehungskur zugeführt. Nach seiner Entlassung wurde er von seinen Drogenfreunden aufgesucht und mit offenen Armen wieder einbezogen. Der Kontakt zu seinen Eltern war lose; er besuchte sie, wenn er etwas brauchte. Er glaubte, mit einem eigenen Geschäft den Ausstieg aus dem Milieu zu schaffen. Seine Eltern erfüllten seinen Wunsch; sie gaben ihm Geld, mit dem er einen Handel mit Antiquitäten und gebrauchten Kleidern aufziehen wollte. Sie vertrauten ihm, wurden aber wieder einmal bitter enttäuscht. Der inzwischen volljährig gewordene Sohn richtete mit dem Geld zwar einen Laden ein, verschenkte aber die schönsten Stücke und Kleider an seine alten Drogenfreunde oder tauschte sie gegen Drogen ein. Er war unfähig, das Geschäft zu führen. Die meiste Zeit blieb der Laden geschlossen. Er schlief, solange die Sonne schien, er nahm an wilden Parties teil, wenn es dunkel wurde. Mit dem Geld, das seine Eltern ihm immer wieder zuschoben, zeigte er sich bei Freunden grosszügig. Das erweiterte seinen Freundeskreis. Dann stoppten die Eltern den Geldzufluss. Nicht weil sie einsahen, dass ihr Sohn nur ein Fass ohne Boden war, sondern weil sie ihrem Sohn alles gegeben hatten, was sie ihm geben konnten. Sie gerieten nun selbst tief in Schulden. Als A. nicht mehr interessant war, verlor er auch seine Freunde. Plötzlich war er allein. Sein bester Freund: ein altes Schwarzweissfernsehgerät. Betreibungen flatterten ins Haus. Der Junge dachte daran, sich ins Ausland, nach Griechenland oder der Türkei, abzusetzen. Er kam aber nur bis Genf. Dort kehrte er um. Auch innerlich! Er fuhr nach Hause, verkaufte oder verschenkte alles, was er besass, Bilder, Polstermöbel, Kleider und die übriggebliebenen Antiquitäten und verliess die Stadt, in der er aufgewachsen und so tief gesunken war. Mit dem Geld mietete er eine Dachwohnung in einer andern, etwa 100 km entfernten Stadt. Dort kannte ihn noch niemand. Über die Arbeitsvermittlung fand er eine Halbtagsstelle in einem Warenhaus. Der Gedanke:

Ich bin aktiv und gehe meinen Weg

begleitete ihn ständig. Er arbeitete mit dem Gedanken:

Arbeiten fällt leicht,

ich schaffe es,

und er hielt durch. Aufkommenden inneren Drang nach Drogen beseitigte er mit der Formel:

Ich vertrage keine Drogen,

was andere nehmen, ist mir egal.

Über das Wochenende betrieb er, wie früher einmal, Sport: Skifahren, Wandern. Er fand neue, gute Freunde. Mit diesen festigte er sich und mit der Formel:

Es geht mir mit jedem Tag

in jeder Hinsicht immer besser und besser

seine Zukunft.

Ebenfalls etappenweise machte sich ein Mädchen selbst lebensfähig, das mit 16 Jahren von zu Hause ausgerissen war. Von der Polizei, die die Eltern eingeschaltet hatten, wurde es nicht gefunden. Es war in Amsterdam in Drogenkreisen untergetaucht. Nach seinem zwanzigsten Geburtstag meldete es sich aus Paris bei seinen Eltern. Unter dem Einfluss eines anständigen Burschen, den es akzeptieren konnte, hatte es sich systematisch von der Drogenabhängigkeit befreit. Es stützte sich mit der Formel:

Ich fühle mich gelöst und frei.

Fettsucht – Übergewicht

Eine 32jährige Frau, die so fett war, dass es «dem Herrn ein Greuel war», baute systematisch Gewicht ab mit der Formel:

Ich bin ganz ruhig, gelöst und satt, ich nehme ab.

Und eine 19jährige fress- und fettsüchtige Schülerin nahm in nur vier Monaten sechs Kilo ab mit der Formel:

Essen ist gleichgültig, ich bin ganz ruhig und satt.

Zahllose Beispiele könnten gegeben werden: Mit der Formel:

Ich bin ruhig und satt. – Ich bin schlank

kann man Gewicht abbauen. Problemlos! Voraussetzung: die Formel wird richtig eingegeben (siehe dazu S. 43). Der bewusstseinsbetonte Mensch hat Einwände zu dieser Formel, weil er sie nicht ganz verstehen kann. Ängstliche Menschen meinen, sie würden damit nicht mehr genug essen oder sie könnten mit der Formel sogar die Freude am guten Essen verlieren. Das Gegenteil ist der Fall. Wer dieser Formel, die ja nicht das natürliche Hungergefühl, sondern die Störung (Frustration) beseitigt, die zu falschem, hastigem Essen und dadurch zu Übergewicht führt, bedingungslos vertraut, kann erleben, dass sein Unbewusstes die Nahrungszufuhr ganz automatisch so regelt, dass das Gewicht persönlichkeitsentsprechend reduziert wird. Die Gewichtsreduktion erfolgt stufenweise, nicht, wie oft bei Abmagerungskuren, zu rasch. Dafür aber hält sie an. Um Erfolg zu haben, muss das «Sätzlein» nicht verstanden werden. Es ist das Unbewusste, das Formeln aufnehmen und verwirklichen soll. Wie widersprüchlich bei verstandesmässiger Betrachtung wirkungsvolle Formeln sein können, bestätigt folgendes Beispiel: Wenn der Direktor der Universitätsklinik für Psychotherapie in Mainz, Professor Dr. med. D. Langen, hypnotisierte, erreichte er Schmerzfreiheit in einem Arm mit folgender Suggestion: «Am rechten Arm aber werden Sie bei der Berührung ein Kältegefühl spüren. An dieser Stelle ist die Haut jetzt blutleer und unempfindlich, ganz kühl, blutleer und unempfindlich...» Ist ein Arm je blutleer? Wäre das nicht schlimm? Können Sie verstehen, dass ein Arzt so etwas eingibt? – Sie sollen aus diesem Beispiel lernen, dass Vorsätze, wenn sie suggestiv wirken sollen, total formuliert sein müssen. Und wer erprobte Vorsatzbildungen nicht anzweifelt, hat damit Erfolg im Rahmen des Möglichen.

Eine junge Frau, die ganz gezielt abnehmen wollte, suggerierte:
Ich bin ruhig und satt,
an den Oberschenkeln nehme ich ab.
Und ein Geschäftsmann gab sich ein:
Ich bin ruhig und satt,
am Bauch nehme ich 3 Kilo ab.

Magersucht

Ein 18jähriges magersüchtiges Mädchen löste sich mit der Zeit aus seiner Mutterabhängigkeit. Die Trennung lernte es ertragen mit der Formel:
Trennung fällt leicht,
ich fühle mich sicher und wohl.
Es nahm an Gewicht zu, Erbrechen, Selbstmordneigung und Abführmittelmissbrauch verschwanden mit der Zeit. Es festigte sich innerlich mit der Formel:
Meine Organe arbeiten regelmässig,
ich esse langsam, gut und gern.

Eifersucht

Menschen, die nicht die geringste eifersüchtige Regung empfinden, fehlt der natürliche Besitzerinstinkt. Es gibt solche Menschen: Die Eskimos z. B. bieten heute noch ihrem Gast die eigene Frau an. Und es gibt auch heute noch Frauen, die ihren Männern andere Frauen zuführen. Einer jungen Ehefrau jedenfalls machte es überhaupt nichts aus, wenn ihr Mann mit ihrer besten Freundin im Nähzimmer schlief, während sie in der Küche das Nachtessen zubereitete, für alle drei! Solche Menschen sind aber eher die Ausnahme. Genauso wie der Bergmann Emil Walpuski eine Ausnahme ist, der 34 Jahre lang seinen engsten Freund Friedrich Kopka verfolgte, um ihn dann wegen des Verdachts, er habe seine Frau verführt, zu erstechen.

Was ist Eifersucht? Ein Zeichen grosser Liebe oder eine psychische Störung? Eifersucht ist entweder zu grosse Angst, etwas, das man besitzt, an das man sich innerlich klammert, zu verlieren, oder verletzter Besitzerstolz. Sicher aber kein Zeichen grosser und echter Liebe. Bei Frauen ist Eifersucht eher Verlustangst,

162

bei Männern dagegen mehr gekränktes Besitzergefühl; denn auch heute noch empfinden viele Männer ihre Frauen, wie manche Mutter ihr Kind, als rechtmässigen Besitz. Die Eifersucht als Mass der Liebe zu nehmen ist immer falsch. Ja, in manchen Fällen ist die Liebe zum Partner längst gestorben; aber nur so lange, bis es einen andern gibt, der den ungeliebten Partner für sich beanspruchen möchte. Dann erwachen die Verlustangst und der Besitzerinstinkt und damit alle Anzeichen eifersüchtiger Regungen.

Der 40jährige Verwaltungsangestellte F. hatte die üble Gewohnheit, seine Frau, wenn er sie zu geschäftlichen Anlässen oder in Kollegenkreise mitnahm (mitnehmen musste), niemandem vorzustellen. Sie war dann einfach da. F. aber wollte Mittelpunkt sein. Wenn einer seiner Kollegen oder ein Fremder auf seine Frau aufmerksam wurde und mit ihr ins Gespräch kam, verfinsterte sich sein Gesicht sofort. Natürlich stritt er ab, eifersüchtig zu sein. Bei einer Geschäftsfeier tanzte F. mit seiner Sekretärin, nicht aber mit seiner Frau. Sobald aber seine Frau von einem Mann zum Tanze gebeten wurde, wurde er nervös. Als seine Frau an diesem Betriebsfest gar mehrere Male mit dem gleichen Partner tanzte, weil dieser ein sehr guter Tänzer war, wie sie versicherte, verschwand ihr Mann. Auf der Toilette war F. derart nervös, dass er nicht einmal mehr Harn lassen konnte. Schliesslich bat er seine Frau, die sich jetzt im Kreise seiner Arbeitskollegen gut aufgehoben, geschätzt und sehr wohl fühlte, mit ihm nach Hause zu kommen. Er begründete seinen Entschluss mit plötzlicher Übelkeit. Sie lehnte ab, weil sie wusste, dass es nichts Ernsthaftes sein konnte. Da schlug F. Krach; er machte ihr eine Eifersuchtsszene. Am nächsten Tag wurde er deswegen zum Chef gerufen. Dieser redete ihm deutlich ins Gewissen. F. hörte auf seinen Chef, übte Entspannung, und mit der Formel:

Ich schätze meine Frau
und ich bin frei von Eifersucht

lebte die eheliche Beziehung wieder auf. Die eifersüchtigen Regungen klangen mit der Zeit ab.

Mangelndes Selbstvertrauen begünstigt die Eifersucht. Je mehr wahres Selbstvertrauen ein Mensch hat, desto geringer ist auch seine Neigung zur Eifersucht. Eine 30jährige Frau übte Sicherheit und wahres Selbstvertrauen mit der Formel:

Ich fühle mich sicher und frei,
Eifersucht bleibt fern.

Sie wurde toleranter und erwies damit ihrer Ehe einen hervorragenden Dienst.

Bei jeder sich bietenden Gelegenheit nörgelte eine 35jährige Ehefrau an ihrem Mann herum. Er fuhr nicht gut Auto. Er half zu wenig im Haushalt, es machte sie innerlich wütend, wenn er auf ihre Bitte, den Briefkasten zu leeren, nicht sofort aufsprang. Sie reagierte eifersüchtig, wenn er zu Hause erzählte, dass eine neue Sekretärin eingestellt worden sei. Auch auf seine Kollegen und Freunde, mit denen er sich gerne am Samstagnachmittag zum Kartenspiel traf, war sie eifersüchtig. Die Ehe drohte wegen ihrer ständigen Nörgelei und Eifersucht zu zerbrechen. Sie sah ein, dass sie an sich selbst arbeiten musste. Sie übte Entspannung, gewann Sicherheit und wahres Selbstvertrauen mit der Formel:

Ich bin mutig, gelassen und frei von Eifersucht.

Von seiner üblen Gewohnheit, andern Frauen auf der Strasse auch dann nachzusehen, wenn seine junge Ehefrau dabei war, befreite sich ein 23jähriger Mann mit der Formel:

Ich habe eine gute Frau.

Ein 35jähriger Geschäftsmann, der eifersüchtige Regungen verspürte, wenn sich seine 10 Jahre jüngere Ehefrau im Kreise ihrer Freundinnen frei und wohl fühlte und nicht er, sondern sie Mittelpunkt war, löste dieses Problem mit der Formel:

Ich fühle mich gelassen und frei,
und ich lasse sie dabei.

Ein 35jähriger Prokurist war eifersüchtig. Er spürte es genau, konnte es aber lange nicht zugeben. Seine Frau, Mutter von drei Kindern, war mit 35 noch recht attraktiv. Im Schachklub war sie beliebt und als offenherzige, lebensfreudige Partnerin sehr geschätzt. Sie tanzte auch gerne. Er war Nichttänzer. Und sie unterhielt sich gerne mit Männern und Frauen. Ihrem Mann aber blieb sie treu. Gerade das aber konnte ihr Mann nicht glauben. Wenn sie nicht ganz pünktlich vom Schachabend nach Hause kam, befielen ihn im Bett oder in der Stube, wo er wartete, heftige Eifersuchtsgefühle, die so unerträglich wurden, dass er sich anziehen, ins Auto setzen und sich auf die Suche nach seiner Frau machen musste. Um eine Hausecke sah er einmal, wie seine Frau vor dem Klublokal mit Schachfreunden plauderte und scherzte. Das war ihm dann zuviel. Er setzte sich wieder ins Auto, fuhr nach Hause und wartete dort, bis er ihr eine Szene machen konnte. Sie versicherte ihm immer wieder eheliche Treue. Das konnte er nicht glauben. Er engagierte einen Privatdetektiv. Seine Frau bemerkte die Verfolgung. Da konsultierte sie einen Anwalt. Der Mann wollte sich nicht scheiden lassen. Als ihm seine Frau auch in Anwesenheit des Anwaltes versicherte, dass sie ihn liebe, aber nicht mit seiner Eifersucht leben wolle, versprach er ihr, etwas gegen seine krankhafte Neigung zu unternehmen. Er lernte, sich zu entspannen, und schliesslich wirkte die Formel:

Eifersucht ist ganz gleichgültig,
ich fühle mich sicher und frei.

Mit der Zeit konnte er schlafen, auch wenn seine Frau noch nicht zu Hause war. Die innere Leere und das eigenartige Druckgefühl in der Herzgegend verschwanden.

13. Wo sind die Grenzen der Heilbarkeit?

Ihre Haare, die Finger und Zehennägel wachsen nach. Auch Ihre Haut wächst nach. Unmerklich langsam stösst sie sich fortwährend ab und wächst nach. Ist die Haut einmal stark verletzt worden, sind ihrem Nachwachsen gewisse Grenzen gesetzt. Der Körper schliesst die Wunde, «überhäutet» sie. Das Gewebe aber ist keine vollarbeitende Haut mehr. Es fehlen ihm Schweissdrüsen, Talgdrüsen, die Haarbälge mit den Härchen. Wenn Sie irgendwo eine Narbe haben, überzeugen Sie sich selbst: die «neue Haut» ist nur noch ein Überzug! Kann man sagen, die Verletzung sei vollkommen ausgeheilt?

Wissenschaftlich gesehen ist solche «Heilung» als Besserung aufzufassen. Heilung wäre die vollständige Wiederherstellung von vollarbeitendem Gewebe. Warum hat die Natur dies so eingerichtet? Vorläufig bleibt dies noch ein Geheimnis. Auch bei anderen Organen müssen wir feststellen, dass eine Besserung möglich, eine vollkommene Heilung, ein Nachwachsen, nicht möglich ist. Organe, die durch Operation entfernt wurden, wachsen nicht einfach wieder nach; ein abgenommenes Bein ist bis heute noch bei keinem Menschen wieder ganz nachgewachsen. Was Tieren möglich ist, scheint uns versagt zu bleiben. Dem Krebs wächst eine im Kampf verlorene Schere nach. Gibt es vielleicht oder gab es einmal Menschen, die ein Organ, das vom Körper getrennt worden oder durch Krankheit zugrunde gegangen ist, wieder hervorbringen können bzw. konnten? Oder liegen hier einfach unsere Grenzen?

Ein zerstörter Teil eines Organs wird von dem noch arbeitenden so gut wie möglich ersetzt. Die Natur setzt offensichtlich alles daran, das Leben so lange als möglich zu erhalten, die Funktion der Organe sicherzustellen. Wenn bei einer Leberentzündung mit Schrumpfung ein Teil der Zellen zugrunde gegangen ist, arbeiten die restlichen normal weiter; das gleiche gilt von den Zellen der Niere bei einer Nierenentzündung. Dasselbe gilt bei andern Organen. Fällt ein Organ ganz aus, z. B. eine Niere, so arbeitet die noch verbleibende im Körper so vollkommen, dass man dem Menschen überhaupt nicht anmerkt, dass er nur noch eine Niere besitzt. So hilft sich die Natur selbst. Was liegt in ihren Möglichkeiten? Wo sind die wahren Grenzen? Wir wissen es nicht. Wir wissen aber und erleben es immer wieder, dass weit mehr möglich ist, als wir selbst im allgemeinen für möglich halten!

Der Stand des Wissens ist nicht der Bereich des Menschenmöglichen

Jede körperliche Krankheit hat nicht bloss eine materielle, sondern auch eine seelische Komponente. Bei vielen Krankheiten ist diese sehr gross. Man kann heute viel über Krankheiten hören, darüber lesen. Daraus kann der Mensch die Meinung bilden, seine Krankheit sei unheilbar, stehe nicht still, schreite zum Schlimmsten fort. Dies sind negative Suggestionen, die einen Heilungs- oder Besserungsprozess verzögern, oft sogar verunmöglichen. Auch wenn Ärzte nicht sofort Heilung versprechen oder wenigstens Besserung, bildet sich daraus gut und gern die Suggestion: «Meine Krankheit ist demzufolge unheilbar!» Wenn ein Mensch krank ist, reagiert er hochempfindlich auf Aussprüche, die sein Leiden betreffen. Wenn dann eine Autoritätsperson, ein Arzt, besonders einer, dem der Patient sein Vertrauen schenkt, einen Ausspruch tut, so kann dieser zu einer Art Prophezeiung, für den Patienten zu einem Erfüllungszwang werden. Was die Autoritätsperson prophezeite, «muss in Erfüllung gehen». Ist der Ausspruch günstig, beschleunigt er autosuggestiv den Heilungs-, Besserungsprozess; ist er aber ungünstig, muss er aus der Sicht des Wissenschaftlers ungünstig sein, verschlimmert die Autosuggestion den Zustand.

Dass man dem Wissen des Fachmannes glaubt, Vertrauen schenkt, ist manchmal gut. Zuviel Wissenschaftsgläubigkeit aber engt den Bereich des Menschenmöglichen in manchen Fällen unnötig stark ein. Ob man nun gesund oder krank ist, man sollte sich immer vor Augen halten, *dass der Stand unseres Wissens, auch des Fachwissens, nicht der Bereich des Menschenmöglichen ist.* Immer wieder überrascht uns die Natur. Glücklicherweise! Oft schon waren Kranke so elend daran, dass man sie auf dem Sterbebett glaubte; in kürzerer oder längerer Zeit wurden sie dann doch wieder gesund. Gerade solche Fälle aber verpflichten uns, den Bereich einer möglichen Heilung oder Besserung einer

Krankheit nicht voreilig zu eng zu ziehen und mit Aussagen über Unheilbarkeit ausserordentlich vorsichtig umzugehen. Denn sie haben suggestiven Charakter! Solange ein Mensch atmet, darf und soll er hoffen. Und wer die Kräfte seines Unbewussten positiv lenkt, ist oft verwundert darüber, was seine Kräfte vermögen.

Die Kraft, die alles vollbringt

Was in jedem Menschen schafft und gestaltet, ist jene unbekannte Kraft, über deren Herkunft wir immer noch rätseln. Jede körperliche Veränderung bewirkt diese Kraft. Sie ist es auch, die Krankheiten heilt, Besserung herbeiführt.

Wer Sonne, Wasser, Bewegung liebt, kräftigt sich. Jeder Körper hat, so wie er geschaffen ist, die Fähigkeit, gesund und widerstandsfähig zu sein und zu bleiben. Jeder Mensch hat Abwehrvorrichtungen in sich. Die Eskimos sind auch Menschen wie wir. Sie wohnen in Häusern, machen manchmal aber auch aus Schnee und Eis eine Hütte, in der sie mit dem wenigen Hab und Gut, das sie mitführen, Unterschlupf finden, die Nächte verbringen. Die Eskimos fühlen sich gerade dort sehr wohl, wo wir uns zu erkälten glauben. Man kann nun einwenden, der zivilisierte Mensch habe eben jene Härte verloren, die viele Eskimos heute noch auszeichnet. Gewiss! Aber im Grunde unseres Wesens sind wir mit genau derselben Härte ausgestattet. Wer in der Stube hockt, raucht und trinkt, stärkt damit seine Widerstandskräfte gewiss nicht. Ausgedehnte Spaziermärsche in der freien Natur geben uns Gesundheit und Widerstandskraft gegen Krankheit.

Das Mittel, die unbewussten Kräfte zu lenken, ist die Autosuggestion

Können Sie sich eine Hochspannungsleitung vorstellen? Sie kommen sicher nie auf den Gedanken, eine solche zu berühren, weil Sie wissen, dass eine Berührung tödlich wirkt. Wir wissen alle, dass Rauchen schädlich ist. Wir wissen, dass zuviel Alkohol dem Menschen schadet. Wir wissen, dass Schmerzmittel den Nieren nicht gut tun. Trotzdem meiden wir diese Dinge nicht!

Serow und Troskin konnten demonstrieren – sie berichteten darüber in «Psychotherapie in the Soviet Union» –, dass sich die Zahl der weissen Blutkörperchen nach der Suggestion positiver Emotionen um 1,550 pro Einheit erhöhte, nach der Übermittlung von negativen Emotionen jedoch um 1,600 verminderte.

Dies bedeutet, dass *die Widerstandskraft des Organismus bei der Erzeugung positiver Emotionen gestärkt, bei negativen Emotionen aber geschwächt wird.* Ärzten des Internationalen Zentrums für medizinische und psychologische Hypnose in Mailand ist es gelungen, Frauen durch Hypnose von der Empfängnis freizuhalten. In sechseinhalbstündigen Sitzungen unter Hypnose wurde Frauen suggeriert, sie würden vor einem bestimmten Datum (herausragende Daten wie Ostern oder Weihnachten wurden genannt) nicht schwanger, nach diesem Datum aber würden sie automatisch wieder fruchtbar. Von den zahlreichen Frauen, die sich der Hypnosebehandlung unterzogen, wurde vor dem bestimmten Datum keine einzige schwanger! Wir wissen also, dass positive Suggestionen den Organismus stärken, Suggestion sogar ausreicht, eine Schwangerschaft zu vermeiden. Sie können sich positive Suggestionen geben, so oft und so viele Sie wollen. Setzen Sie diese Ihnen angeborene Fähigkeit voll und ganz zum eigenen Nutzen ein!

Obwohl Untersuchungen des medizinischen Psychologen Professor H. Wohlfahrth in Kanada vor bald zwanzig Jahren ergaben, dass bei Betrachtung von «kühlen» Farben wie Blau und Grün Atmung und Puls sich verlangsamen und der Blutdruck fällt, bei «warmen» Farben wie Rot und Gelb dagegen der Blutdruck steigt, tragen Menschen mit niederem Blutdruck lieber blaue als rote Kleider, solche mit hohem Blutdruck aber lieben Rot. Sie sollten Blau den Vorzug geben! Ich habe eine Frau mit nachweisbar niederem Blutdruck lange Zeit nicht dazu überreden können, Rot zu lieben, z. B. rote Kleider zu tragen. Sie erklärte, einen inneren Widerstand zu verspüren, wenn sie im Geschäft ein rotes Kleid in der Hand halte. Sie beseitigte diese Widerstände schliesslich mit der Formel:
Rot gefällt mir.

Stopp dem Zerfall

Angst kann unsere Körpersäfte in wenigen Minuten nachweisbar verändern. Wer Angst vor einem Schaden hat, wird nur zu leicht einen Schaden erleben. Die Angst ist unser grösster Feind. Ihr gegenüber steht die Gewissheit. Gewissheit ist jene positive Autosuggestion, die Lebenskraft im Bereich des Möglichen gesundbringend, gesunderhaltend wirken lässt. Positive Autosuggestionen stoppen den Zerfall. Sie lenken die Kräfte des Unbewussten in eine positive Richtung, heilen sämtliche Leiden im Bereich des Möglichen. Generell kann man sagen, dass immer dann, wenn nur eine gestörte Funktion vorliegt, Heilung oder Besserung möglich ist. Ja sie muss bei richtiger Anwendung der Autosuggestion eintreten.

Aber wie weiss man, ob nur eine gestörte Funktion vorliegt? Das braucht man nicht zu wissen! Die längere Anwendung der Autosuggestion gibt Klarheit darüber, ob es sich um mehr als eine bloss gestörte Funktion handelt. Man kann und soll bewusste Autosuggestion immer anwenden, auch im Zweifelsfalle! Sie ersetzt allerdings die ärztliche Behandlung nie. Der Teil einer Krankheit jedenfalls, der durch reine Autosuggestion, nämlich durch negative, geschaffen wurde, heilt immer sehr schnell, wenn negative Autosuggestionen durch positive ersetzt sind. Wenn durch positive Autosuggestion die inneren Organe, z.B. die Verdauungsorgane, wieder besser arbeiten, ist auch die Ernährung des Körpers sofort besser. Die Rückwirkung einer guten Ernährung, einer guten Blutbildung und eines guten Schlafes auf das Nervensystem ist eine klare Folge. Durch wachsendes Selbstvertrauen und fortwährende Übung lernen sogar die gesunden Teile des Rückenmarkes jene zu vertreten, die zugrunde gegangen sind. So kann mit der Zeit ein durch und durch positiv eingestellter Mensch wieder mit seinen eigenen Beinen gehen, der einmal am Stock oder mit Hilfe einer andern Person sich mühsam vorwärts bewegte. Solche Besserungen erfordern nicht bloss Zeit und Geduld, sondern vor allem die feste Absicht des Patienten, wieder gesund zu werden. Jeder, der positive Autosuggestion anwendet, muss sich im klaren sein, dass er sich anfänglich gegen jene Einflüsse zu stellen hat, die weitere Zerstörung, den Zerfall vorantreiben. Das Unbewusste eines kranken Menschen reagiert besonders empfindlich auf Suggestionen, die den Zustand betreffen. Eine systematische Positivstellung wirkt negativen Einflüssen entgegen.

In «Praxis der bewussten Autosuggestion» berichtet Dr. Lucci von Heilungen, «die zeigen, dass man in den wenigsten Fällen berechtigt ist, einem Kranken die Heilung abzusprechen. In der Zeitschrift der ‹Société Lorraine de psychologie appliquée› wird berichtet, dass ein Kriegsinvalider, der eine Pseudarthrose (bindegewebig geheilter Knochenbruch, so dass der Knochen nach der «Heilung» nicht belastungsfähig ist) des Unterschenkels hatte und nur mit Schiene und Stock mühsam gehen konnte, durch die Ausübung der bewussten Autosuggestion erzielte, dass sich die bindegewebige Verheilung im Laufe von einigen Monaten verknöcherte. Der Befund vor und nach der Heilung ist im Röntgenbild festgehalten worden. Die mangelhafte Heilung hatte einige Jahre bestanden.

Ein Kriegsteilnehmer war durch Granatsplitter am Kopf verletzt, auf einer ganzen Seite gelähmt worden und wurde vier Jahre darauf im Fahrstuhl zu Herrn Coué gebracht, der nicht an eine Heilung glaubte. Der Kranke führte mit ununterbrochener Ausdauer die bewusste Autosuggestion aus, und seine

Frau gab ihm noch dazu in der Nacht Suggestionen. Nach elf Monaten bemerkte die Frau einmal in der Nacht, dass der Kranke die Finger und die Zehen der gelähmten Seite bewegte. Von da an setzte die Besserung ein, und mehrere Monate nachher war der Mann imstande, allein und ohne jede Stütze zu marschieren.»

Weg vom Arzneimittelmissbrauch, zurück zur Natur

Viele Menschen setzen ihre Hoffnungen in chemische Mittel. Diese haben bestimmt auch ihr Gutes. Langes Einnehmen chemischer Mittel schädigt jedoch den Körper. So wenig wie der Körper imstande ist, im Falle einer plötzlichen, sehr starken Vergiftung die nötige Abwehr schnell genug zu mobilisieren, kann er einer chronischen Überschwemmung mit chemischen Stoffen ganz begegnen. Viele chemische Mittel rufen im übrigen Sensationen hervor, die nichts zur Heilung beitragen, den Kranken aber gefährden.

Eine Frau, die jahrelang Schlafmittel eingenommen hatte, schrieb dem Mittel eine «berauschende» Wirkung zu, auf die sie sich jeden Abend freute. Gerade deswegen konnte sie sich später nur schwer wieder von dieser Droge trennen. Man bringt eine günstige Autosuggestion in Gang, wenn man einer Behandlungsmethode vertraut. Baut diese Methode auf chemischen Mitteln auf und artet sie in eine geistlose Fütterung mit Mitteln aus, dann fällt die Rückkehr zum Vertrauen auf die uns allen innewohnende Kraft nicht besonders leicht. Viele Mittel aber, die man anwendet, erübrigen sich in dem Masse, als man die bewusste Autosuggestion meistert. Und Übung macht auch hier den Meister!

Wer gerne Wickel macht, ist auch gerne krank!

Man kann natürlich auch übertreiben. Es gibt Leute, die Badekuren, jahrzehntelang Wickel machen, Fussbäder nehmen, Diätgrübler sind und bleiben. Solche Menschen stehen geistig nicht höher als diejenigen, die jahrelang chemische Mittel schlucken. Einen Vorteil haben sie allerdings: sie vergiften ihren Körper damit nicht. Dennoch sind sie ständig krank. Wer gerne Badekuren und Wickel macht, Fussbäder nimmt, Diätvorschriften einhält, zwingt sich suggestiv in jene Krankheit, die solches notwendig macht. Ich will damit nicht sagen, man solle keine Badekuren machen. Ganz im Gegenteil. Aber man soll die richtige Einstellung dazu haben, d. h. sich bewusst sein, welch krankmachende suggestive Wirkung dabeisein kann!

Wer sich beim Skifahren einmal ein Bein gebrochen hat, weiss es: er braucht sofort ärztliche Hilfe! Und warum? Die unbewusste Kraft beginnt doch im gleichen Augenblick den Schaden wiedergutzumachen, zu heilen. Die Heilung einer Wunde, auch eines gebrochenen Beins, vollbringt doch jene Kraft in uns, die durch Suggestion lenkbar ist. Das stimmt, sie heilt, aber wie! Ohne Führung schafft sie blind, fragt nicht, ob die Knochenenden wieder so aufeinanderwachsen, wie sie vorher waren und wie es für den Gebrauch des Knochens am dienlichsten ist. Auch primitive Völker wissen das. In der zivilisierten Welt übernimmt diese Aufgabe der Arzt, er ist Fachmann und in diesen Dingen ausgebildet. Er sorgt dafür, dass die beiden Knochenenden in die gewünschte, für uns beste Lage gebracht und darin so festgehalten werden, dass sie nicht verschoben werden können und nichts den Heilvorgang stören oder hemmen kann. Die Heilung oder Besserung aber vollbringt auch in unserer zivilisierten Welt die Kraft, die durch Suggestionen lenkbar ist. Durch positive Sondersuggestion, Formeln, Sprüche, «Sätzlein» wird die Kraft bewusst und gezielt in die richtigen Bahnen gelenkt. Verstehen Sie das? Gut! Dann wenden Sie positive Suggestionen immer an!

14. Gibt es Wunder?

« ‹Steh auf, nimm dein Bett, und geh nach Hause!› Sogleich stand der Gelähmte auf. Er nahm sein Bett, ging nach Hause und dankte Gott. Alle waren hierüber erstaunt. Sie lobten Gott, *weil er dem Menschen solche Macht gegeben hat...*» Das steht in der Bibel geschrieben (Matth. 9, 1–8). « ‹Geh hin! *Wie du geglaubt hast,* so soll dir geschehen!› Und in derselben Stunde wurde der Knecht gesund.» Auch das ist in der Bibel zu lesen (Matth. 8, 1–13). «Unter der Volksmenge befand sich eine Frau, die schon zwölf Jahre krank war. Sie hatte ihr ganzes Vermögen an viele Ärzte ausgegeben, ohne Heilung zu finden. Diese Frau trat nun», so heisst es bei Matthäus (9, 18–26), «von hinten an Jesus heran und berührte den Saum seines Kleides. *Denn sie sagte sich:* ‹Wenn ich nur den Saum seines Kleides berühre, so werde ich gesund werden.› Und sogleich fühlte sie sich von ihrem Leiden geheilt ...» – Waren dies Wunder? – Die meisten Menschen sind vom Glauben beseelt, dass echte Wunder geschehen. Eine Frau, die an einer Sitzung bei Herrn Coué teilgenommen hatte und dort von ihren Schmerzen, die sie jahrelang geplagt hatten, befreit wurde, rief aus: «Das ist ja ein Wunder!» Die Heilung, die plötzliche Heilung irgendeiner Krankheit wird gerne eine wunderbare Heilung genannt. Was wäre ein Wunder? Ein Vorgang, der dem gewöhnlichen Verlauf der Dinge, den Naturgesetzen, widerspricht. Plötzliche Heilung, unerwartete Besserung fesselt unsere Aufmerksamkeit.

Und warum? Weil wir und mit uns auch der behandelnde Arzt die unbewussten Vorgänge nie ganz zu durchschauen vermögen. Auch dort, wo aufgrund bisheriger Erfahrungen Heilung, Besserung nicht für möglich gehalten wird, kann das Unbewusste des kranken Menschen Heilung bewirken. Muss solche Heilung aber in Widerspruch zu den Naturgesetzen stehen? Kann sie nicht etwas ganz Natürliches sein? Was im Unbewussten eines Menschen geschieht, muss nicht ausserhalb der Naturgesetze geschehen. Warum sollte es? Vielleicht geschieht es nach uns noch unbekannten Gesetzen. Vieles ist uns Menschen noch rätselhaft. Schliesslich wissen wir noch nicht einmal, was Leben ist. Wir wissen aber, bald zweitausend Jahre nach Christus, nach welchen Gesetzen die Autosuggestion abläuft. Vieles, was als Wunder gilt, entpuppt sich jetzt, bei genauerer Betrachtung, als schlagartige Auslöschung einer krankmachenden Autosuggestion, ist die Folge einer positiven Selbstbeeinflussung.

Um krankhafte Störungen, Selbsttäuschungen, charakterliche Fehlhaltungen zu beseitigen, sich gute, positive Eigenschaften anzugewöhnen, braucht man nicht an die Autosuggestion zu glauben, sondern die Autosuggestion richtig anzuwenden. Autosuggestion hat weder mit Magie noch mit dem Teufel etwas zu tun. Sie ist eine Fähigkeit oder Macht, die allen Menschen gegeben ist. Sie ist nichts Künstliches. Sie ist etwas ganz Natürliches, allen Menschen Angeborenes. Darum kann sie auch nicht im Widerspruch zum religiösen Glauben stehen.

Die Erfahrungen des religiösen Glaubens sind in der geistlichen Dimension beheimatet. Wer eine Fähigkeit, eine angeborene wie die Autosuggestion, ganz bewusst und gezielt einsetzt, damit krankhafte Störungen und Fehlhaltungen zum Verschwinden bringt, beseitigt damit oft auch Hindernisse, die den religiösen Erfahrungen sonst im Wege stehen.

«Dein Glaube hat dir geholfen!», steht geschrieben. Heisst das nicht auch klar und deutlich, *dass sich jeder selber hilft?* Wer sich selber hilft, dem hilft Gott! Eine depressive Frau suchte sämtliche Kirchen auf, die sie in ihrer Wohngemeinde finden konnte. Sie setzte sich hinein und betete. Ohne Erfolg! Im Gegenteil. Lange Zeit glaubte sie nicht, dass ihr die richtige Anwendung der Autosuggestion helfen könnte. Sie musste überzeugt werden. Als sie bereit war, ohne viel zu fragen, positives Denken zu üben, dann Autosuggestion täglich, regelmässig anzuwenden, ging es ihr mit der Zeit besser, dann besser und besser. Heute kann sie auch richtig beten und glauben: ohne zu betteln, ohne zu fordern. Wenn hinter einem Glauben eine Forderung steht, dann ist es eben kein echter, tiefer Glaube. Dasselbe gilt für die Liebe; dasselbe für die richtige Anwendung der Autosuggestion! Bewusste Anwendung der Autosuggestion bringt auch Selbsterfahrung, und diese fördert die Selbsterkenntnis. Wie Selbsterkenntnis und Gotteserkenntnis einander gegenseitig fördern, lehrte schon Calvin.

Wo ‹Wunder› ausbleiben, geschieht oft Wunderbares

Wer blind geboren wurde oder im Rollstuhl lebt, muss sich, wenn kein Wunder geschieht, mit seinem Leiden abfinden; mindestens so lange, bis die moderne Medizin Mittel und Wege gefunden hat zu helfen. Darauf warten viele Kranke ihr Leben lang. Eigentlich müssten gerade diese Menschen sich vom Leben hart angefasst vorkommen, verzagen, depressiv werden, nicht mehr leben wollen.

Aber es geschieht Wunderbares! Gerade bei solchen Menschen findet man oft eine durch und durch positive Lebenseinstellung, erstaunlichen Lebenswillen. Gerade diese Kranken sind oft am glücklichsten. Sie leben uns vor, was es zum wahren Lebensglück braucht. Nämlich: Inneres Verzichten-Können. Dies führt eine positive Grundeinstellung herbei. Wer Dinge so nehmen kann, wie sie sind, ist im Leben schon glücklich, und wer auf *dieser* Grundlage Autosuggestion anwendet, hat Erfolg im Rahmen des Menschenmöglichen.

Kenntnis der Sache macht Wunderbares dauerhaft

Wie durch ein Wunder wurde eine 45jährige Frau von ihren Rückenschmerzen befreit. Plötzlich waren die Schmerzen einfach weg. Sie freute sich riesig. Eines Tages nun hörte sie von einer Freundin, dass Rückenschmerzen schon oft wie weggeblasen waren, bei passender Gelegenheit aber wieder kamen. Nun hatte sie plötzlich Angst, die Schmerzen könnten wieder kommen. Jetzt achtete sie ganz besonders auf ihren Rücken. Ja sie wartete gerade darauf, bis sie wieder einen kleinen Schmerz verspürte. Und er kam! Damit war die Schmerzmaschine wieder in vollem Gang. An ein erneutes Wunder konnte die Frau nicht glauben. Später gewann sie Einblick in das Wesen und die Wirkungsweise der Autosuggestion. Dann übte sie täglich und beseitigte ihre Rückenschmerzen mit der Formel:

Mein Rücken ist und bleibt schmerzfrei.

Religiöse Menschen und auch diejenigen sollen Einblick in das Wesen und die Wirkungsweise der Suggestion nicht scheuen, die eine plötzliche, wunderbare Befreiung von einem Leiden erleben durften. Autosuggestion ist, wie bereits gesagt, eine angeborene Fähigkeit. Jeder hat sie, und jeder braucht sie. Wer abends mit dem Gedanken «morgens um sechs Uhr bin ich wach» einschläft, suggeriert. Und wer, ohne vom Wecker geweckt zu werden, pünktlich um sechs Uhr ganz von selbst erwacht, hat *spontan* richtig suggeriert. Auch wer Angst hat, suggeriert. Aber negativ. Angst kann eine Schmerzmaschine sofort wieder in Gang bringen. Wer nun die Zusammenhänge, das Wesen und die Wirkungsweise seiner Fähigkeit zu suggerieren kennt, kann diese überall und unter allen Umständen und gezielt einsetzen. Diesen Vorteil hat derjenige, der sich dem Zufall überlässt oder überlassen muss, weil er noch keine Kenntnisse von den Vorgängen erhielt, nicht. Wer das Wesen und die Wirkungsweise von Suggestion und Autosuggestion nicht kennt, vielleicht nicht kennenlernen will, weil er dahinter etwas Unnatürliches, Magisches oder gar Teuflisches vermutet, kommt in einer Umgebung, die ihn wankend macht, leichter von seinem Glauben ab. Er ist dann sofort der Gefahr ausgesetzt, in die alte Krankheit, das alte Übel zurückzufallen, aus dem er sich spontan befreite, und weil er die Autosuggestion noch nicht kennt, ausruft: «Wie durch ein Wunder!»

Wer das Wesen und die Wirkungsweise der Autosuggestion kennt, kann Wunderbares dauerhaft machen. Solche Kenntnisse sind der beste Schutz gegen mögliche Rückfälle.

15. Der Erfolg kommt immer – manchmal erst mit der Zeit

Was für die *Beseitigung von Krankheit* und üblen Gewohnheiten gilt, trifft auf *Erfolg im Leben* gleichermassen zu. Der sichere und klare Gedanke, dass man Erfolg haben kann, ist auf Erfolgserlebnissen aufgebaut. Jeder hat Erfolgserlebnisse zu verzeichnen, schon in frühester Kindheit. Dass Sie gehen, sprechen, lesen, rechnen können, ist ein Erfolg und nur scheinbar eine Selbstverständlichkeit. Wer als Erwachsener abwägt, zögert, hinausschiebt, Austragung und Risiko ängstlich meidet, wer meint, ihm gelinge überhaupt nichts mehr im Leben, baut jetzt auf Misserfolgserlebnissen auf. Er muss wieder lernen, auf seinen Erfolgserlebnissen aufzubauen. Das merzt den Gedanken, es müsse alles misslingen, gründlich aus, und der Weg ist wieder frei zum Erfolgserlebnis. Menschen, die sich immer im Pech glauben, können in einem Meer von Gelegenheiten schwimmen. Sie sind nicht imstande, auch nur eine einzige zu ergreifen. Und warum? Weil es das Schicksal so will? Gewiss nicht! Weil sie ihr Denken und Tun auf ihren Misserfolgs- und nicht auf ihren Erfolgserlebnissen aufbauen. Bauen Sie auf ihrem Erfolg auf, dann haben Sie Erfolg. Bauen Sie immer und überall auf dem auf, was Sie erreicht haben, was vorhanden ist! Bauen Sie auf Ihren Erfolgserlebnissen weitere Erfolge auf.

Wollen Sie jetzt, sofort ein Erfolgserlebnis haben?

Gut! Dann schauen Sie auf einen Punkt (z. B. auf Ihre Zeigfingerspitze). Sehen Sie Ihre Zeigfingerspitze ganz fest und starr an. Sehen Sie die Fingerspitze scharf an! Lassen Sie sich Zeit. Was merken Sie? – Die Fingerspitze wird immer unschärfer und unschärfer. Es gelingt Ihnen immer schlechter, die Fingerspitze scharf zu sehen. Sie können die Fingerspitze nicht mehr scharf ansehen. Sie sehen die Fingerspitze unscharf; sie verschwimmt Ihnen mehr und mehr vor den Augen. Das ist so – geben Sie es jetzt zu! Denken Sie oder sagen Sie: «Ja, das ist so, das stimmt!» Damit haben Sie Ihr erstes Erfolgserlebnis. Der Erfolg kommt, er *muss* mit der Zeit kommen.

Und warum? Der Wissenschaftler und Arzt Professor Dr. med. Langen gibt dafür in «Kompendium der medizinischen Hypnose» die Erklärung: «Bei starkem Konvergieren der Augen (intensive Schielstellung) ermüden die Mm. recti interiores, wodurch das Objekt erst zunehmend unscharf und dann doppelt gesehen wird.» Wer solche ganz natürlichen Vorgänge erleben und *bejahen kann*, hat ein Erfolgserlebnis, muss ein *Erfolgserlebnis* haben.

Wollen Sie ein weiteres? Gut! Dann sehen Sie Ihre Zeigfingerspitze ganz fest und starr an, ganz fest und starr. Wenn Sie die Fingerspitze nicht mehr scharf ansehen können, wenn Sie die Fingerspitze doppelt, unscharf, doppelt sehen, bemerken Sie, wie Ihre Augen zu brennen anfangen. Mit der Zeit spüren Sie deutlich das Brennen der Augen. Sehen Sie die unscharf gewordene Fingerspitze unverwandt an. Mit der Zeit spüren Sie deutlich das Brennen der Augen. Das ist so! Geben Sie es zu. Sagen Sie oder denken Sie: «Ja, das ist so!» Wenn Sie das sagen oder denken können, dann haben Sie ein weiteres Erfolgs*erlebnis*. Der Erfolg kommt immer, er kommt sicher mit der Zeit.

Und warum? Ist das Magie? Hat das mit dem Teufel zu tun? Gewiss nicht!

Es ist ein ganz normaler Vorgang, den Professor Langen wie folgt erklärt: «Verhindert man bei der Fixation eines Gegenstandes oder der Fingerspitze den Augenschluss, kommt es bald zu einer erkennbaren Austrocknung der Augenbindehäute, was als ‹brennende Augen› erlebt werden kann.»

Wollen Sie sich jetzt auch in *den* Zustand versenken, in dem Gedanken suggestiv wirken? Das ist ganz einfach! Sehen Sie unverwandt auf die verschwommene Fingerspitze. Wenn Sie das Brennen der Augen deutlich spüren, werden auch die Augenlider immer schwerer und schwerer. Die Augenlider werden schwerer und schwerer.

Und warum? Weil sie bei längerem Fixieren vibrieren. Das *erleben Sie* als Schwere der Augen. Geben Sie es zu, denken oder *sagen Sie: «Ja,* das ist so!» Es ist Ihr Erfolg! Und dann folgen Sie der Schwere der Augenlider und lassen die Lider der Schwere nach zufallen. Lassen Sie die Augenlider zufallen, schliessen Sie die Augen. Ihre Augen sind jetzt fest verschlossen. Es ist Ihr Erfolg. Bejahen Sie diesen. Verknüpfen Sie Ihren Erfolg mit der entsprechenden Suggestion. Denken oder sagen Sie: «Ja, meine Augen sind fest verschlossen, ganz fest verschlossen.» Wenn Sie genau das denken und nur das denken oder sagen, spüren Sie ein zunehmendes Gefühl der Dösigkeit und Müdigkeit. Sie fühlen sich wohl und entspannt. Und Sie können die Augen nicht öffnen. Wenn Sie denken oder sagen: «Meine Augen sind fest verschlossen», können Sie Ihre Augen nicht öffnen. Es geschieht genau das, was Sie denken. Versuchen Sie, die Augen zu öffnen. Es geht nicht, weil Sie ja denken oder sagen: «meine Augen sind fest verschlossen.»

Benützen Sie die Gelegenheit, geben Sie sich IHRE Suggestion, IHREN Vorsatz, IHR Sprüchlein jetzt mehrmals ein, etwa zwanzig Mal! Sie denken oder sagen also z. B.:

Ich bin ganz ruhig

oder

Ich schaffe es

oder

Ich fühle mich sicher und wohl

oder

Ich bin ruhig und gelassen.

Dann beugen und strecken Sie Ihre Arme und denken oder sagen dabei: «Jetzt kann ich die Augen wieder öffnen.» Dann richten Sie sich auf und öffnen die Augen.

176

So macht man es! Bewegen Sie sich zuerst, und öffnen Sie erst dann die Augen! Das ist der richtige Weg. Auch wenn Sie am Morgen erwachen, aus dem Schlaf kommen, bewegen Sie sich. Erst nachher öffnen Sie die Augen. Dies ist der Grund, weshalb so viele Wecker vom Nachttisch geschoben werden. Würde der Mensch zuerst die Augen öffnen, könnte er den Wecker sehen. Also: Immer zuerst die Arme bewegen und erst dann die Augen öffnen!

Warum der Erfolg Zeit braucht

Wer heute einen wichtigen Brief schreibt, muss auf die Antwort warten. Der Brief wird abgesandt und durch den Empfänger beantwortet. Der Erfolg, die Antwort, kommt also erst nach Tagen oder Wochen, je nachdem, wie die Möglichkeiten liegen. So ist es bei Suggestionen. Wer *regelmässig* Suggestionen eingibt, z. B.

> *Ich schaffe es*

oder

> *Ich bin gesund*

oder

> *Ich bin erfolgreich und frei*

oder

> *Es geht mir mit jedem Tag in jeder Hinsicht besser und besser,*

soll seinem Unbewussten Zeit geben, den formelhaften Vorsatz zu verwirklichen. Mit der Zeit wird dieser Gedanke immer stärker und stärker wirksam. Ihr Unbewusstes verwirklicht alles, was im Rahmen des Möglichen liegt. Vergessen Sie nie: Ihr Unbewusstes kann Wunderbares, oft unmöglich Scheinendes verwirklichen. Manchmal braucht es dazu etwas Zeit! Lassen Sie Ihrem Unbewussten zur Gedankenverwirklichung ZEIT. Wer heute positive Gedanken sät, kann sofort oder dann morgen Erfolg ernten!

Schlusswort

Sie kennen nun das Wesen und die Wirkungsweise der Autosuggestion. Sie kennen alle in der Praxis erfolgreich angewandten Vorsätze. Sie haben sie in diesem Buch zur Hand. Jetzt müssen Sie Erfolg haben. Jetzt muss es auch Ihnen mit jedem Tag in jeder Hinsicht immer besser und besser gehen. Fragen Sie nicht:

«Wann geht es denn endlich gut?» Auch wenn es gut geht, kann es immer noch besser und besser gehen.

Sollte dennoch der erhoffte Erfolg ausbleiben, müssen Sie sich selbst beim Ohr nehmen. Denn dann wenden Sie die Autosuggestion nicht richtig an. Wenn Sie aber die Ausführungen in diesem Buch verstanden haben und die Autosuggestion genau nach den im Buch gegebenen Anleitungen ausführen, dann haben Sie im Bereich des Möglichen (und diesen Bereich kennt nur Ihr Unbewusstes) Erfolg; Sie müssen Erfolg haben! Der Erfolg kommt immer – manchmal erst mit der Zeit.

Sachverzeichnis